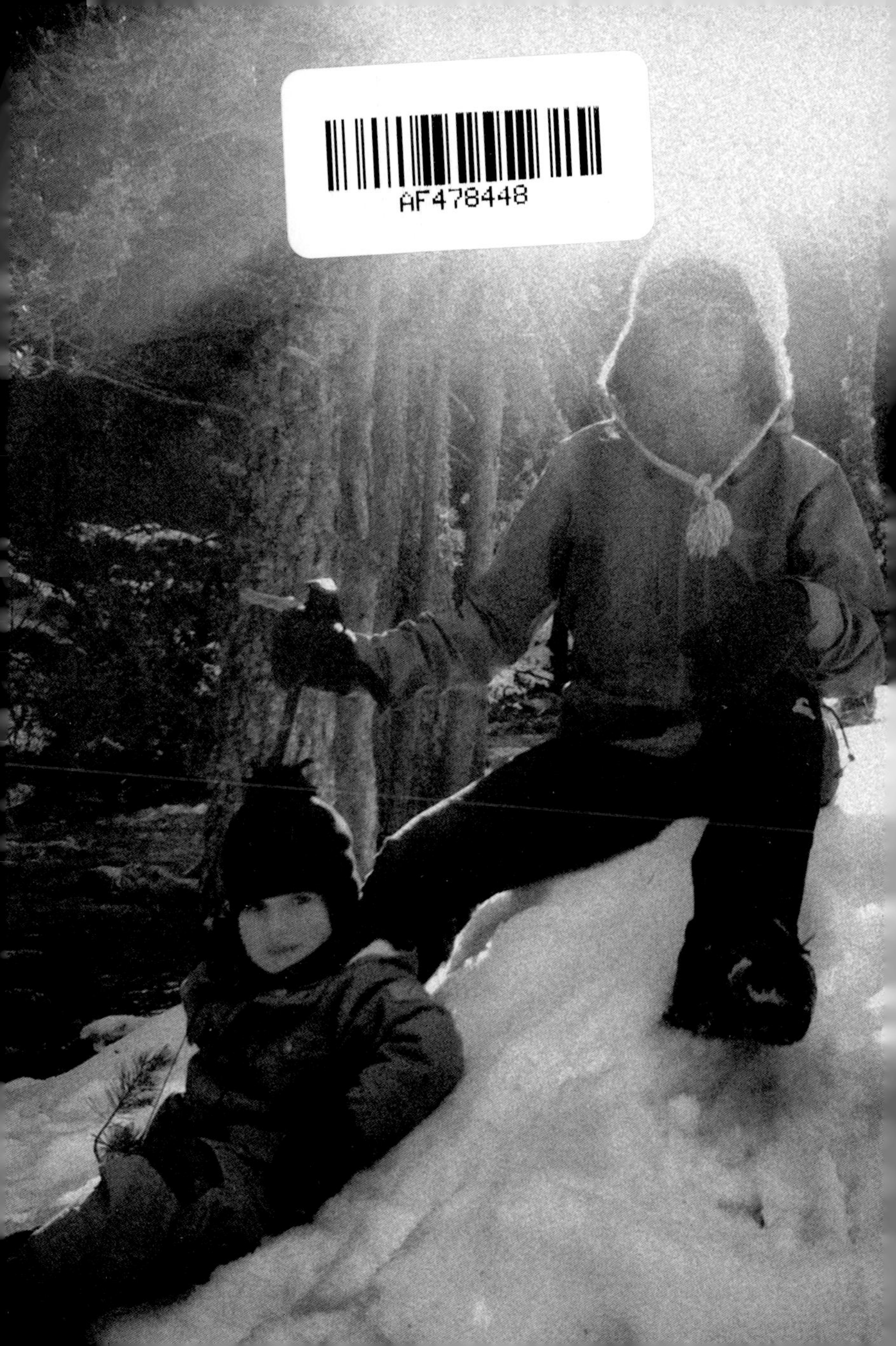
AF478448

Biblioteca PHotoBolsillo

Carlos Spottorno

PHoto**Bolsillo**   LA FABRICA **20 AÑOS**

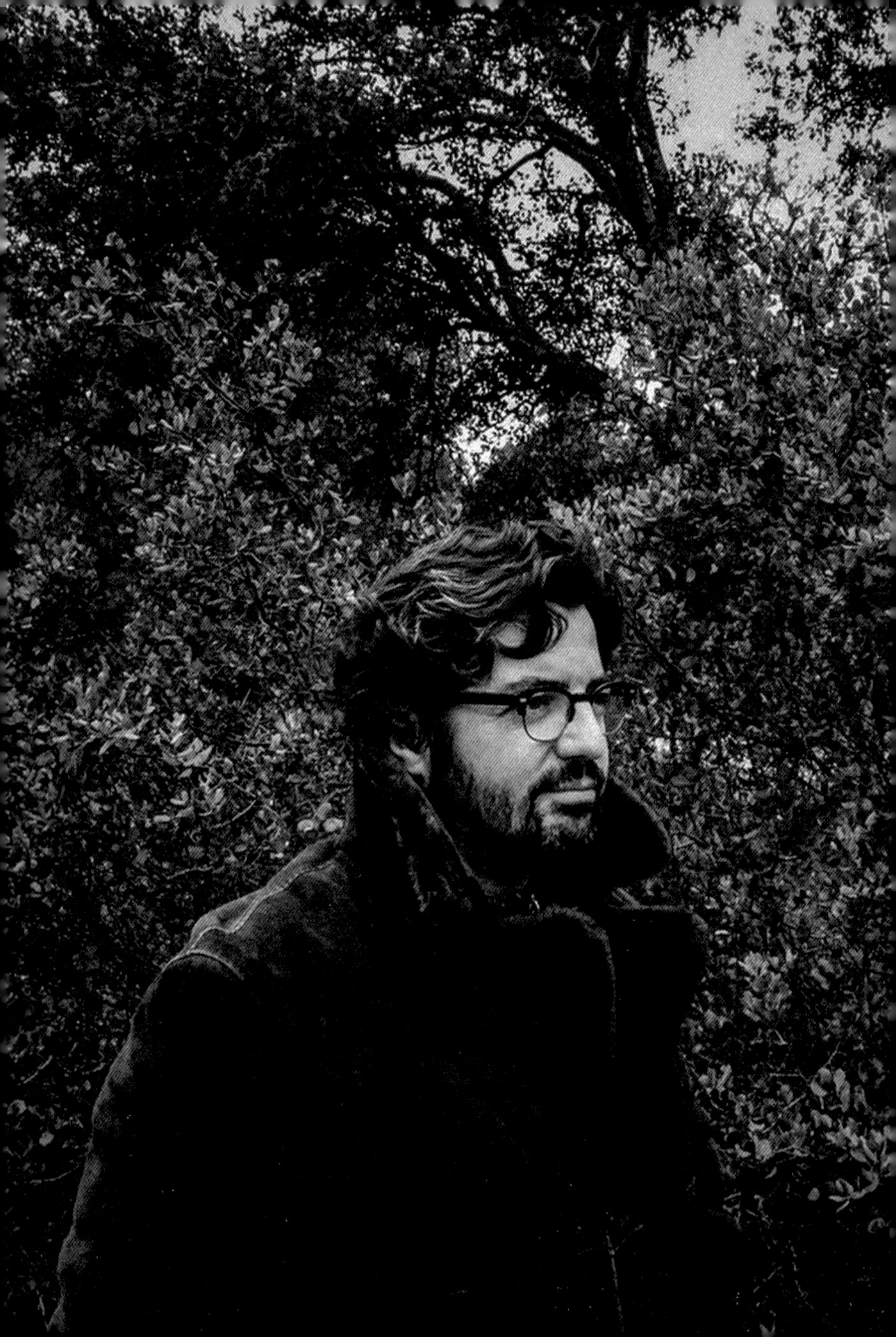

Carlos Spottorno
Idealismo y pragmatismo

Rémi Coignet

Carlos Spottorno, retratado por Iñaki Bendito

Fue en los Rencontres d'Arles, en julio de 2013. Yo curioseaba como de costumbre entre los puestos de libros cuando llamó mi atención lo que parecía una revista. El provocador título, *The Pigs* («Los cerdos»), aparecía en tipos blancos enmarcados en la típica cabecera roja, lo que le daba un aire de prensa internacional. Los directores artísticos, desde *Time* a *Paris Match* pasando por *Cambio 16*, sabían desde hace mucho tiempo que una mancha roja sobre una portada atrae las miradas. Pero el libro de arte normalmente se cuida mucho de alejarse de tan ofensivas estrategias comerciales.

La foto de esa cubierta hacía gala de un gran clasicismo, tanto en su forma como en su composición. En la esquina inferior izquierda aparecía una pareja de intemporales turistas tocados con sombrero de paja; ella vestía falda larga y él, pantalón y camiseta. Se encontraban ante las ruinas del templo de Dióscuros, en Agrigento, que ella estaba fotografiando. El uso del color no era el que hace pensar en los ricos ingleses del siglo xix que partían al *grand tour* para descubrir las maravillas de Italia y Grecia.

Aquello olía a parodia. Efectivamente, en esa época no tan lejana el término inglés *pigs* era omnipresente en los medios, y prensa y televisión lo usaban con saña. Forjado por la prensa especializada anglosajona para designar a los países de la Europa meridional que atravesaban dificultades económicas, se trata de una sigla alusiva a Portugal, Italia, Grecia y España (en inglés, *Spain*). El término, sin duda alguna, se refiere a la paradójica relación entre la Europa del norte y la del sur. Hojeé *The Pigs* para confirmar que se trataba de la ilustración de los clichés habituales aplicados a los «gandules del sur»: un tipo echando la siesta a la sombra de un árbol, casas inacabadas, basuras amontonadas… Un tema polémico que me fascina, representativo del estilo de Carlos Spottorno.

En el corazón de la retórica visual de *The Pigs* yace el gusto por la paradoja, por la antinomia y por la alianza de contrarios que tan bien ilustra la cubierta. Spottorno practica, ciertamente, una fotografía documental que se preocupa por las grandes cuestiones de la actualidad, desde el crecimiento de China a la la crisis financiera de Europa del Sur, pasando por el drama

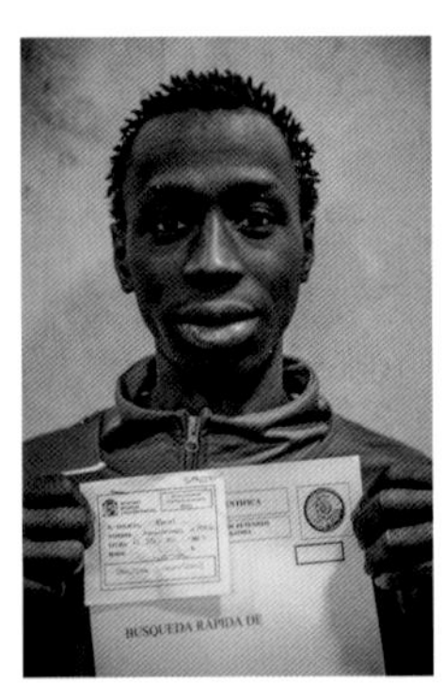

A las puertas de Europa,
Melilla, España, 2014

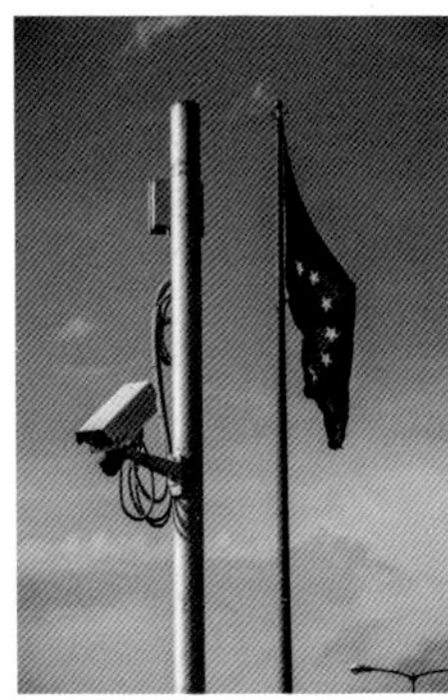

A las puertas de Europa,
Kapitan Andreevo, Bulgaria, 2014

de los migrantes en el Mediterráneo. Resulta imposible, no obstante, colocarle a su trabajo la fácil etiqueta de «periodismo gráfico». Spottorno no busca nunca resumir una situación en una imagen, pues sabe que tratar de circunscribir así las idiosincrasias no sirve, en el mejor de los casos, más que para acortar camino. Y en el peor puede producir contrasentidos. Partiendo de lo real, Spottorno se reconoce contador de historias. Cuando le comenté que su serie *Djehuty Project*, dedicada a los trabajadores egipcios que asisten a los arqueólogos, me hacía pensar en las películas de Indiana Jones, me respondió que a él le gustaba cómo Steven Spielberg hacía cine, porque adaptaba el lenguaje visual al tema. Hay que reconocer, en efecto, que, formalmente, *Parque Jurásico* es muy distinto a *La lista de Schindler*. Como lo son las series de Spottorno *Proyecto Djehuty* o *Wealth Management* [Gestión de la riqueza].

Encontramos este amor por el contrapié y la polisemia hasta en el título de las series, como en el caso de *China Western*. *Western* nos recuerda las películas sobre la conquista del Oeste norteamericano más que al gigante asiático. Sin embargo, ese título se corresponde milimétricamente a la realidad representada. El matiz es que, si bien la fiebre del oro es cosa del pasado, la del oro negro es muy actual. Las fotos se tomaron en la provincia de Xinjiang, la región más occidental de China. Aun siendo ciudadanos chinos, sus habitantes son musulmanes de origen turcomano. Son, en cierto modo, los nuevos pieles rojas. La zona es desértica, pero su subsuelo rezuma riquezas. Las autoridades pequinesas quieren explotarlas económicamente y han llegado a construir carreteras sobre las arenas del desierto. Puede parecer una metáfora, pero eso es precisamente lo que muestran las fotografías. Sería fácil seguir con los ejemplos, pero los pocos que hemos dado dejan ya claro que la gran fuerza de Carlos Spottorno es su capacidad de sintetizar lo complejo de la realidad, de documentar una situación sin dejar de advertir al espectador de que la fotografía es incapaz de abarcarla.

Para alcanzar ese nivel de consciencia sobre lo que la imagen puede y no puede hacer, Spottorno se apoya sobre sus grandes conocimientos en historia del arte. Particularmente de la pintura, de la fotografía y del cine. Esos conocimientos traslucen especialmente en su sentido de la composición. Esta imagen evoca a Walker Evans; aquella a Van Gogh. La del joven gitano que tiene por la brida un caballo nos remite directamente al *Muchacho desnudo con caballo* de Picasso. Hay una buena razón para ese clasicismo interiorizado: «Lo que se concibe bien, se enuncia claramente», decimos en francés. En otras palabras, las formas fácilmente legibles permiten articular discursos complejos.

Siempre resulta inútil intentar explicar una obra por la biografía de su autor. Sin embargo, tengo la impresión de que la historia personal de Carlos Spottorno puede aclarar algunas de sus elecciones: hasta ese punto el arte de la contradicción ocupa el centro de su trabajo. Nació en Budapest de padre diplomático y madre artista. Hasta los veintitrés años no vivió tres años consecutivos en un mismo país. Tras estudiar Bellas Artes en Roma, fue director artístico de una agencia de publicidad, hasta que en 2001 decidió orientar su carrera hacia la fotografía, alternando proyectos personales de largo recorrido con encargos para prensa y publicidad. Los imperativos políticos y artísticos, el arte de vender(se) y de comunicar(se), el idealismo y el pragmatismo: conceptos enfrentados que juegan un papel fundamental en su quehacer artístico.

Desde sus inicios Carlos Spottorno lucha contra una representación simplista del mundo, pero *The Pigs* marca un punto de inflexión. En este libro, como en el reciente *Wealth Management*, crea una ficción a partir de la realidad, sin puestas en escena, a través de la observación y la edición. Así pues, Spottorno acepta —tras haberlo rehuido durante mucho tiempo— su pasado como publicista y pone las estrategias narrativas de la publicidad al servicio del relato documental. *The Pigs* regresa de este modo a los clichés —que tienen siempre un trasfondo veraz, si bien son difíciles de encontrar en el mundo real en estado químicamente puro, puesto que son producto de construcciones mentales— y consigue hacerse un hueco en las páginas de *The Economist*. *Wealth Management* es la otra cara de la moneda. Estamos, dicho de otro modo, ante una dialéctica. Por un lado encontramos a los «pobres vagos» y por otro a los ricos ociosos. En Luxemburgo, Ginebra, Sant Moritz

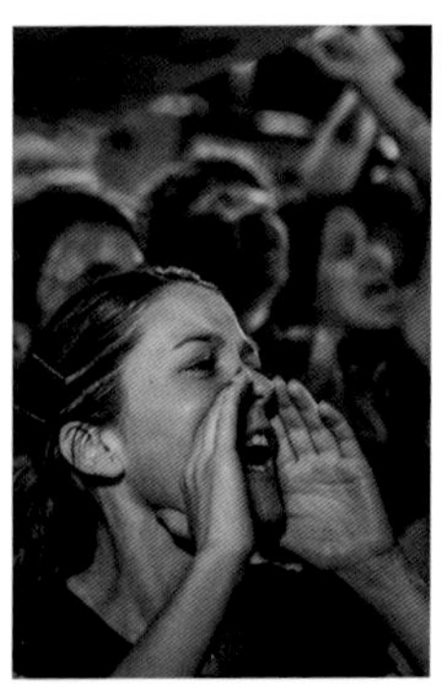

Indignados, Madrid, España, 2011

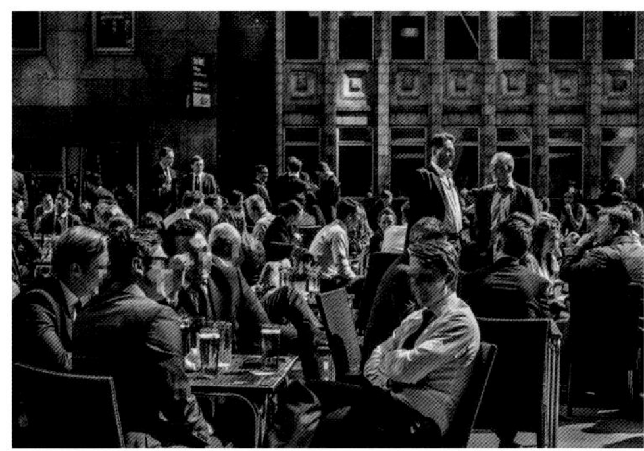

o San Marino captura la vida de los que salen victoriosos de la globalización. De nuevo, clichés. Un hombre con abrigo cruzado asiste, copa de champán en mano, a un partido de polo en un campo nevado; una mujer vestida de pieles y con un bolso de Chanel se desliza en el interior de un Bentley aparcado en la puerta de una boutique de Cartier. Esta serie explora el reverso de la anterior gracias al uso del blanco y negro y la decisión de pixelar los rostros. El blanco y negro es tradicional, incluso conservador, como lo son casi por naturaleza el dinero y quienes lo poseen. La decisión de desdibujar las caras protege al fotógrafo de posibles demandas de los poderosos pero es ante todo una opción estética. En efecto, suele ocultarse la identidad de los criminales pero en este caso desdibujando sus rostros, Spottorno transforma a los individuos en arquetipos. No interesan al fotógrafo, como tales, el paisano de la isla griega de Naxos echando la siesta bajo un árbol ni la mujer del Bentley, sino los símbolos a que remiten en el inconsciente colectivo. Firmemente anclado en la realidad, gracias al cambio de punto de vista y a la alternancia de modos narrativos, Carlos Spottorno consigue llevar la fotografía a un estado que no suele alcanzar si no es mediante las puestas en escena, haciéndola saltar de lo particular a lo universal.

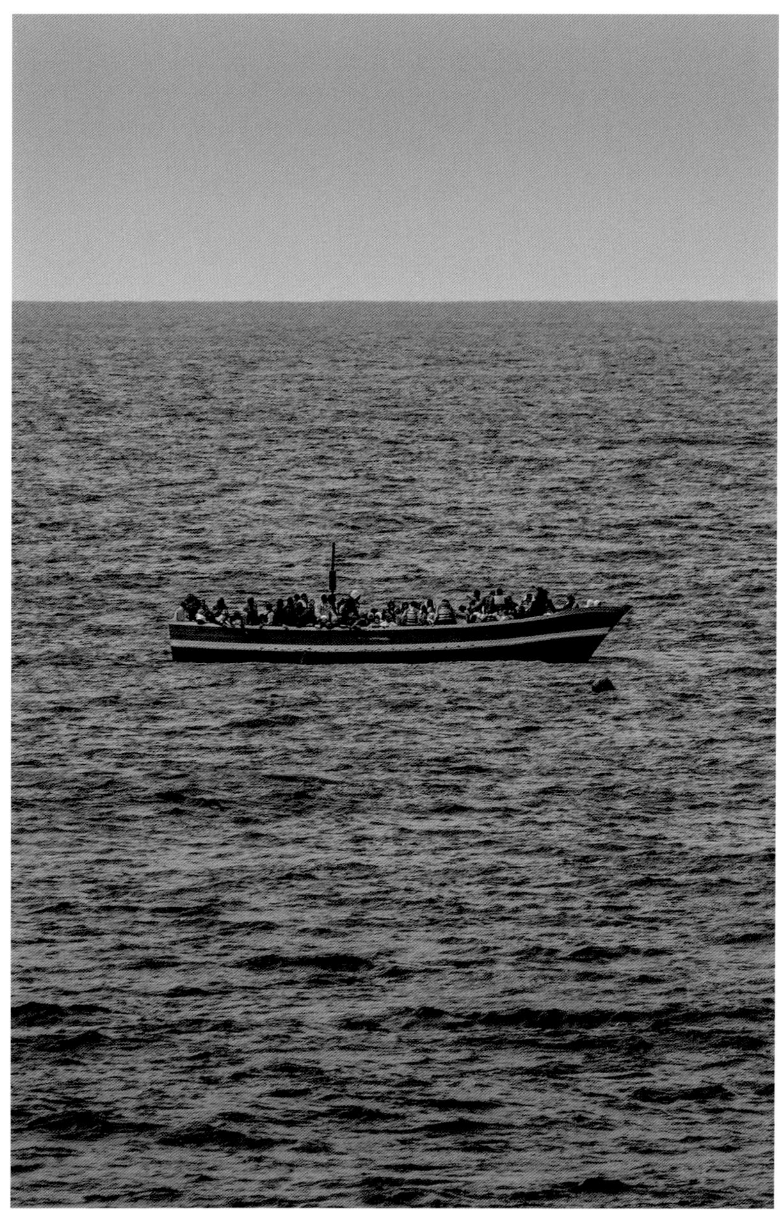

01. A las puertas de Europa, estrecho de Sicilia, Italia, 2014

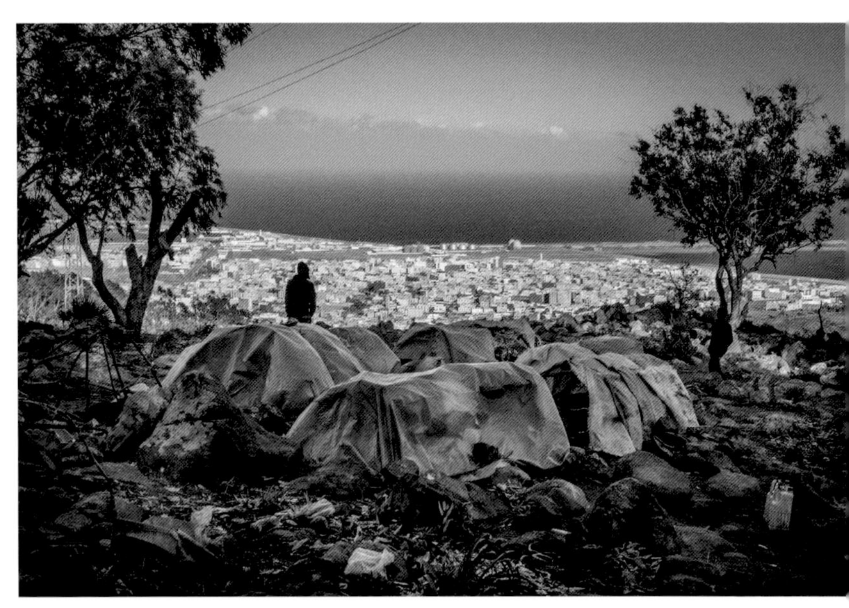

02. A las puertas de Europa, Monte Gurugú, Marruecos, 2014

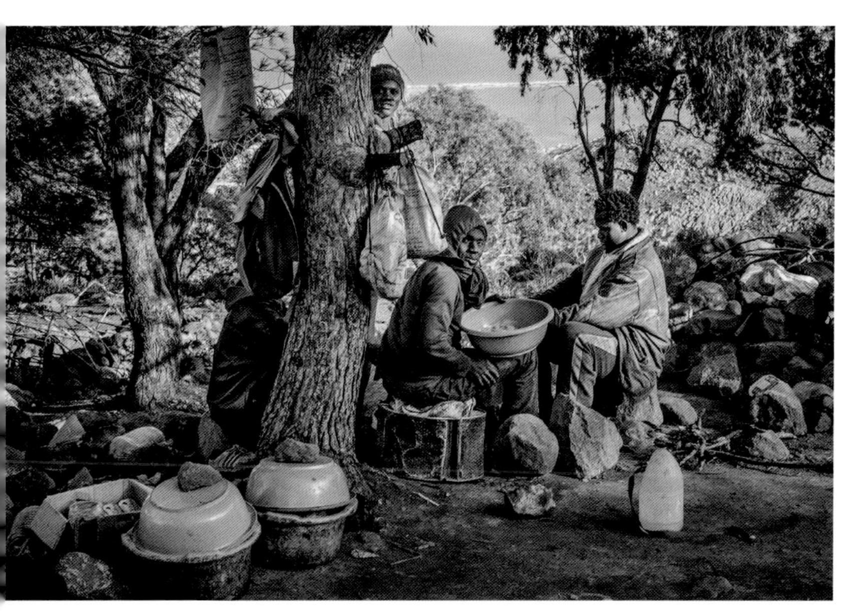

03. A las puertas de Europa, Monte Gurugú, Marruecos, 2014

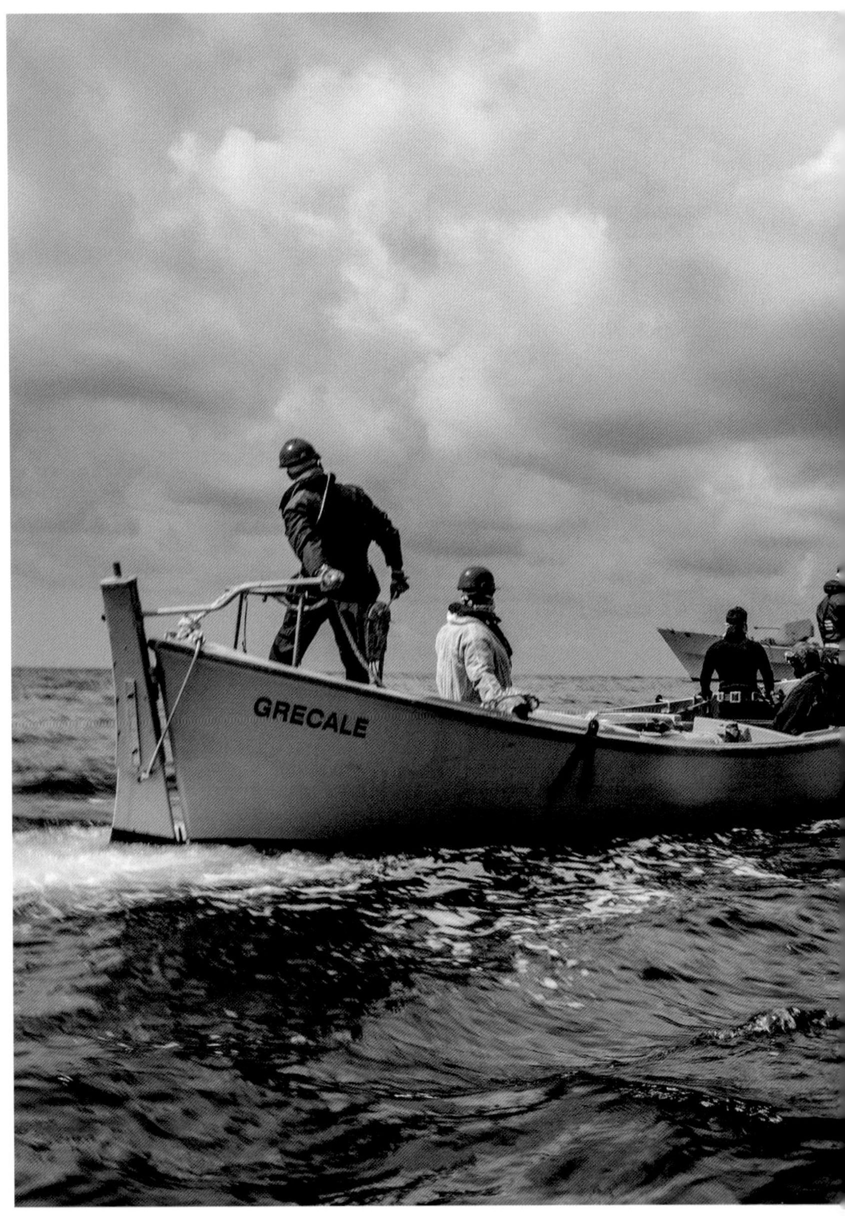

04. A las puertas de Europa, estrecho de Sicilia, Italia, 2014

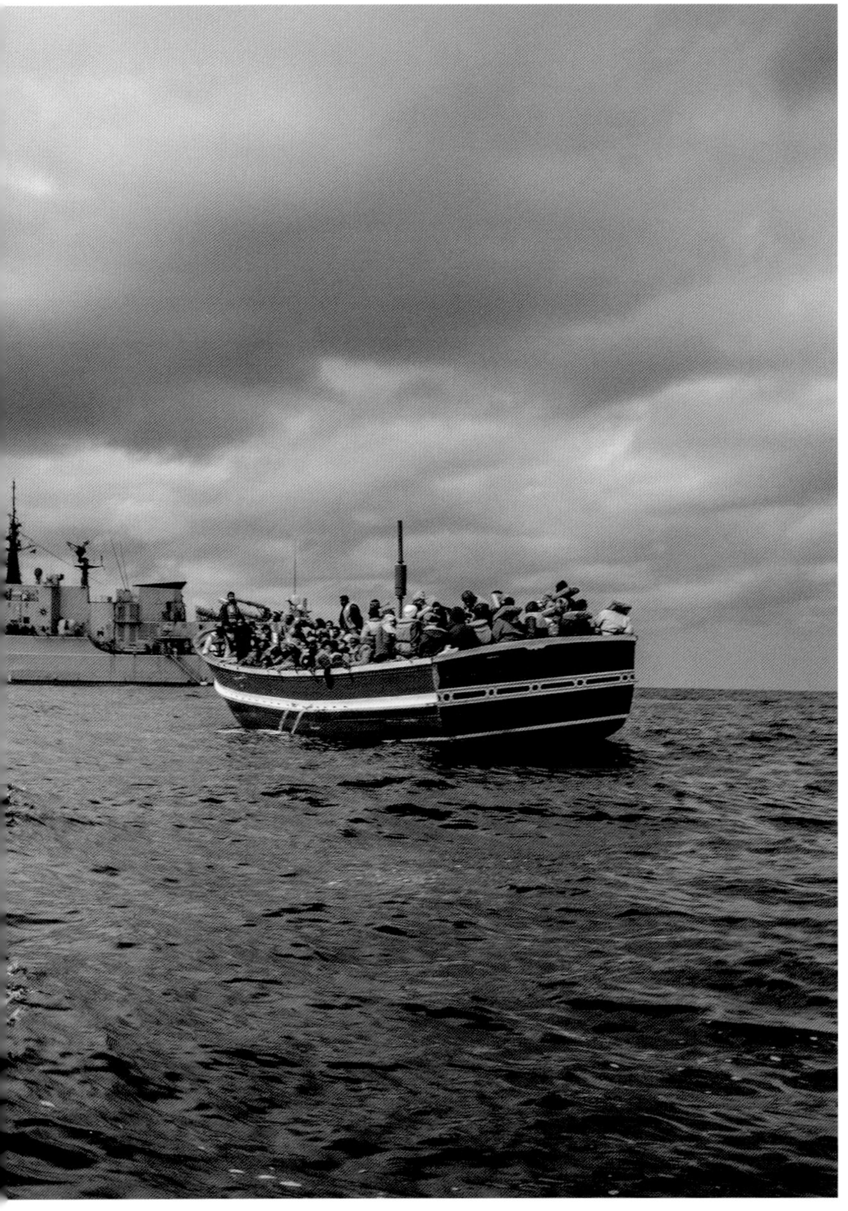

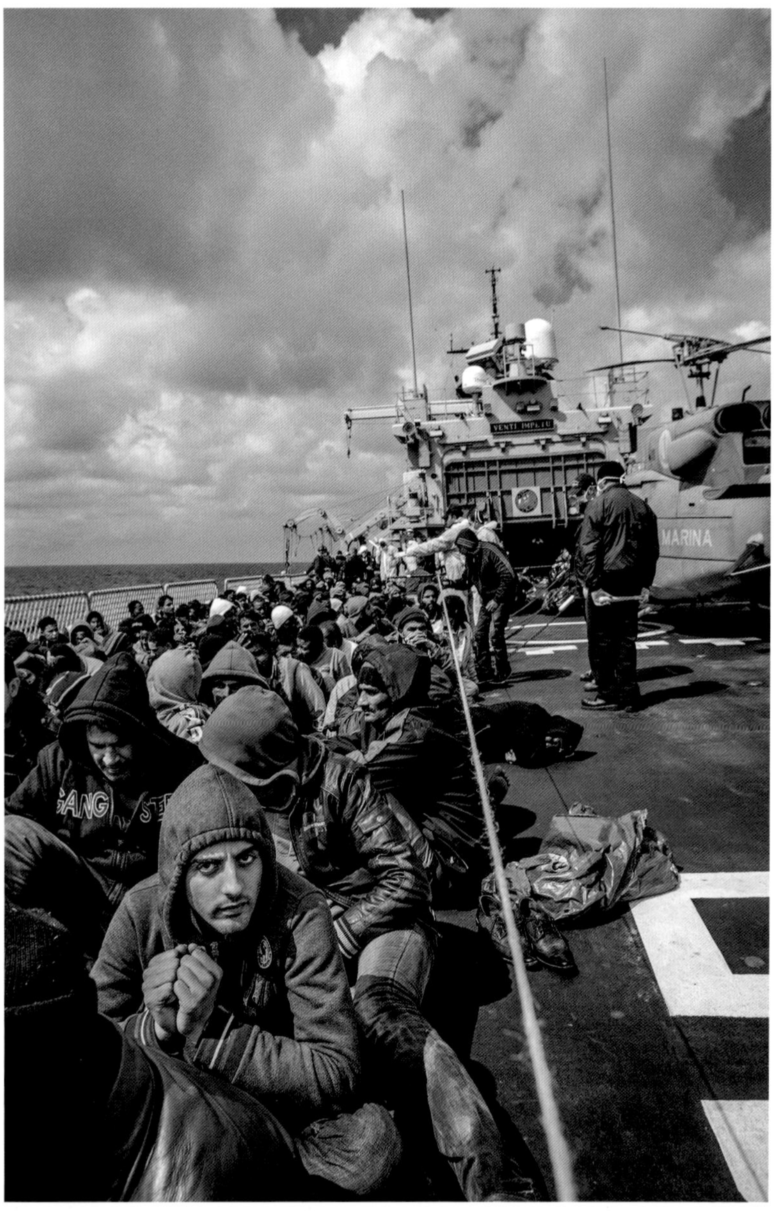

05. A las puertas de Europa, estrecho de Sicilia, Italia, 2014

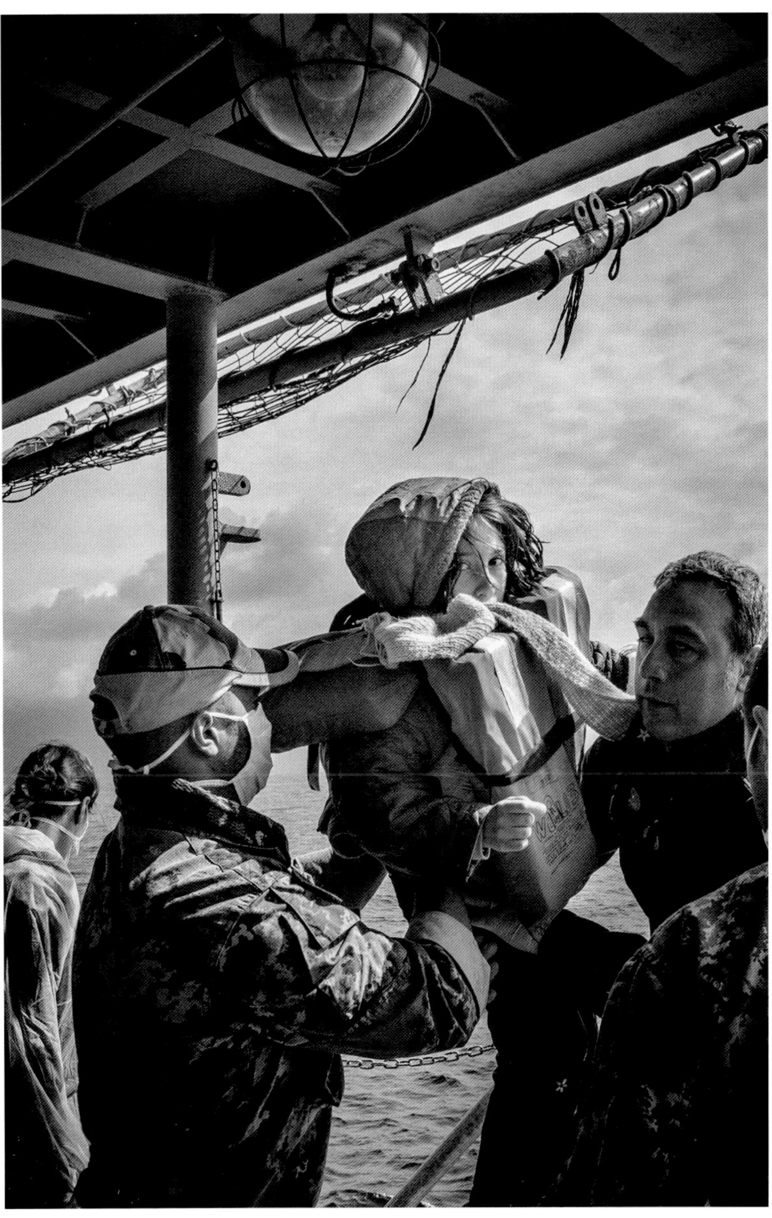

06. A las puertas de Europa, estrecho de Sicilia, Italia, 2014

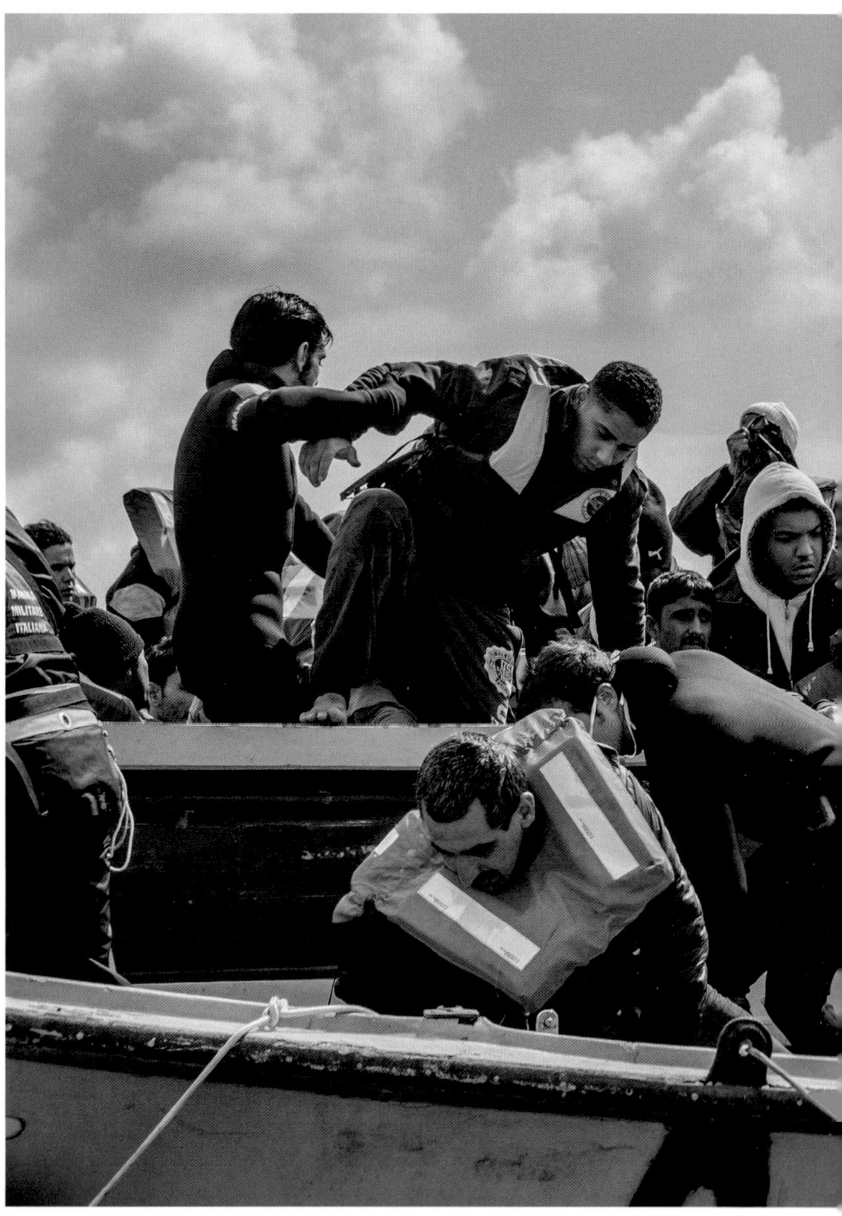

07. A las puertas de Europa, estrecho de Sicilia, Italia, 2014

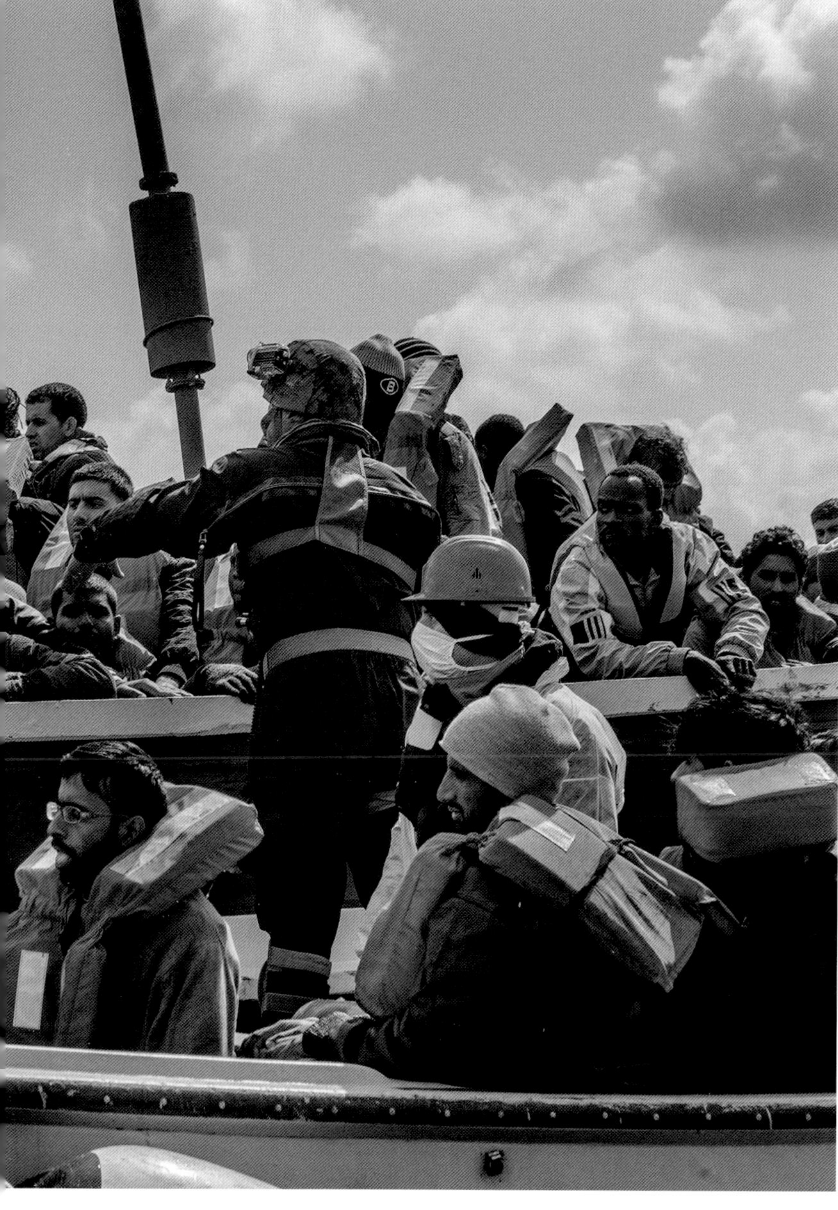

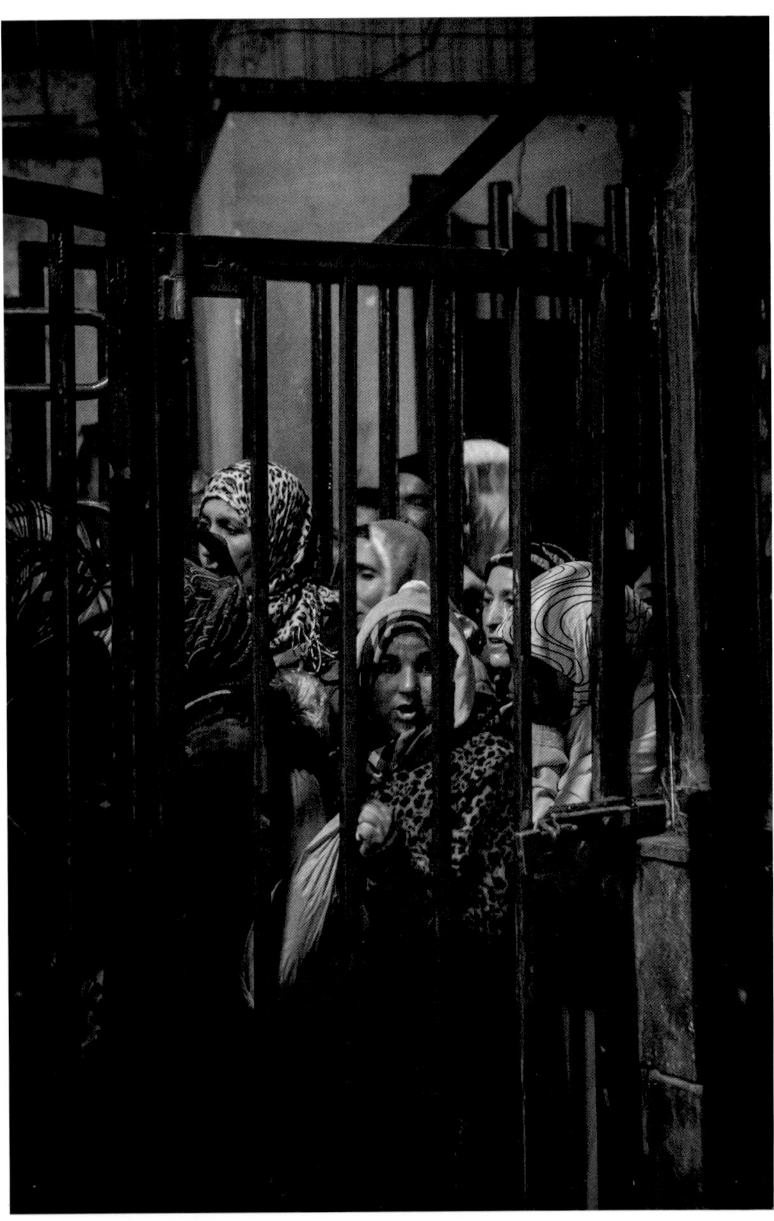

08. A las puertas de Europa, Melilla, España, 2014

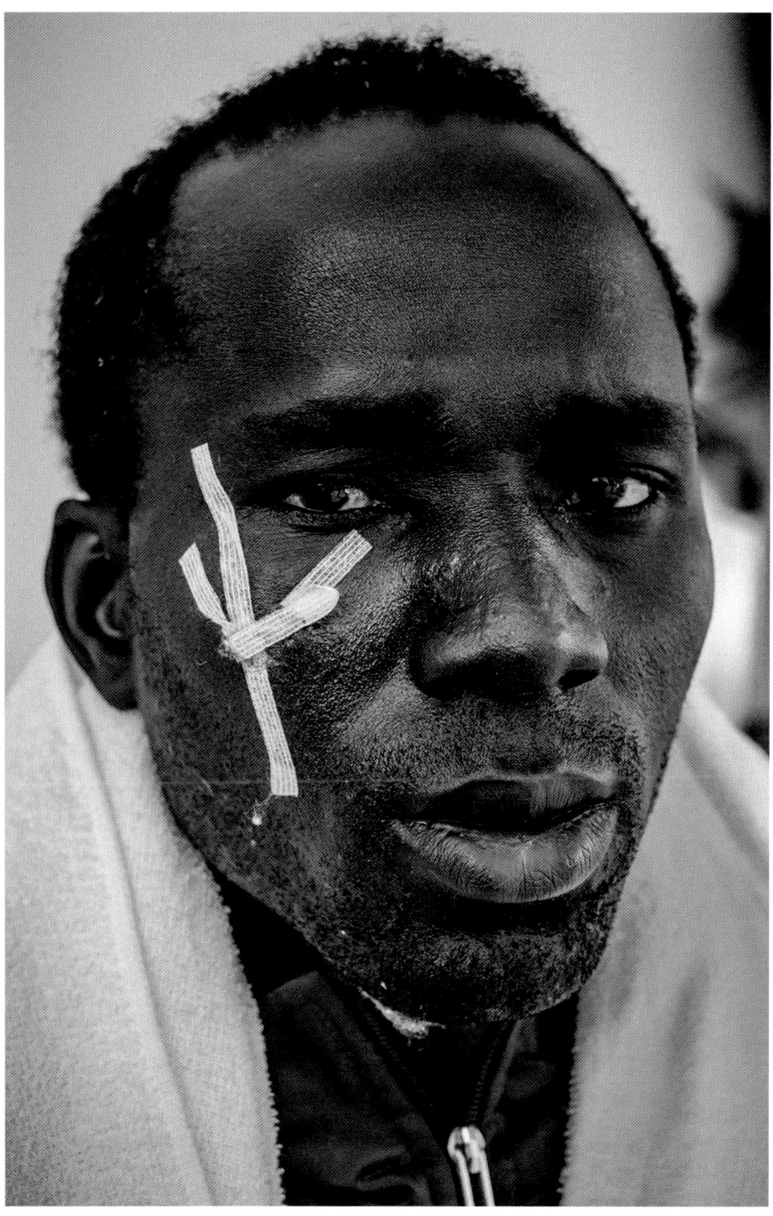

09. A las puertas de Europa, Melilla, España, 2014

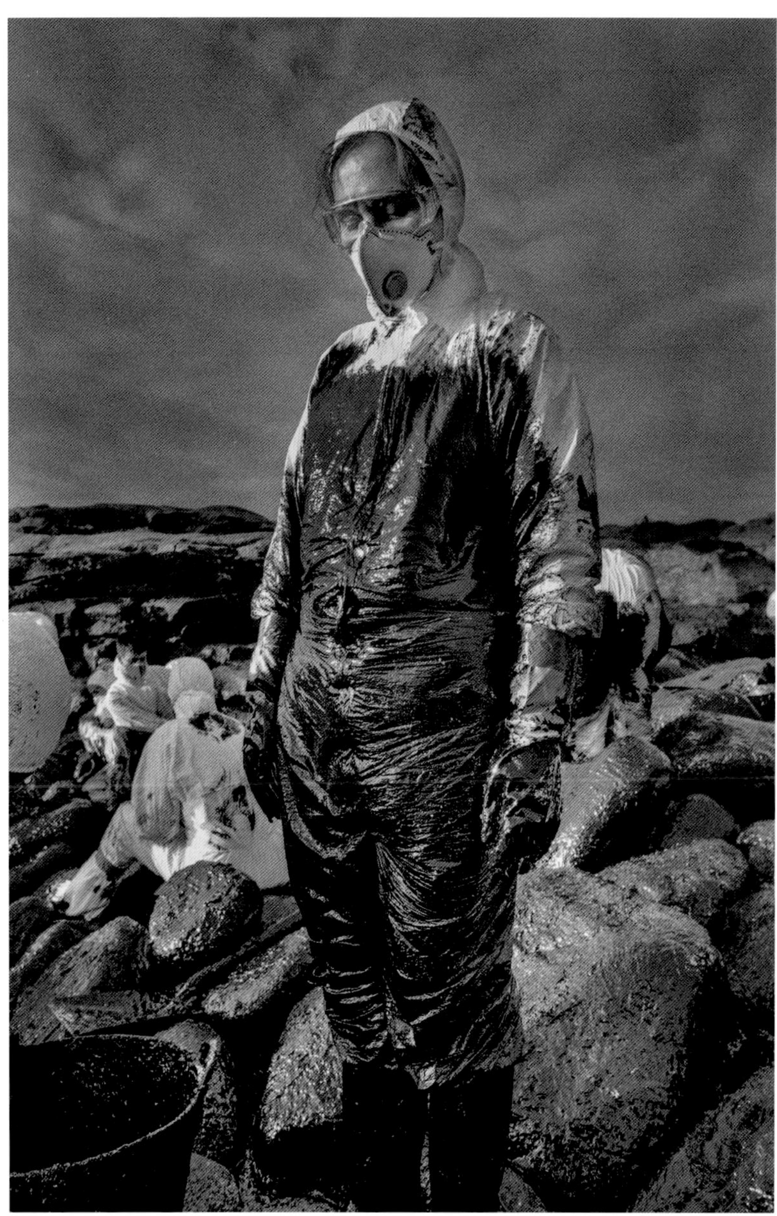

10. Prestige, Malpica, España, 2002

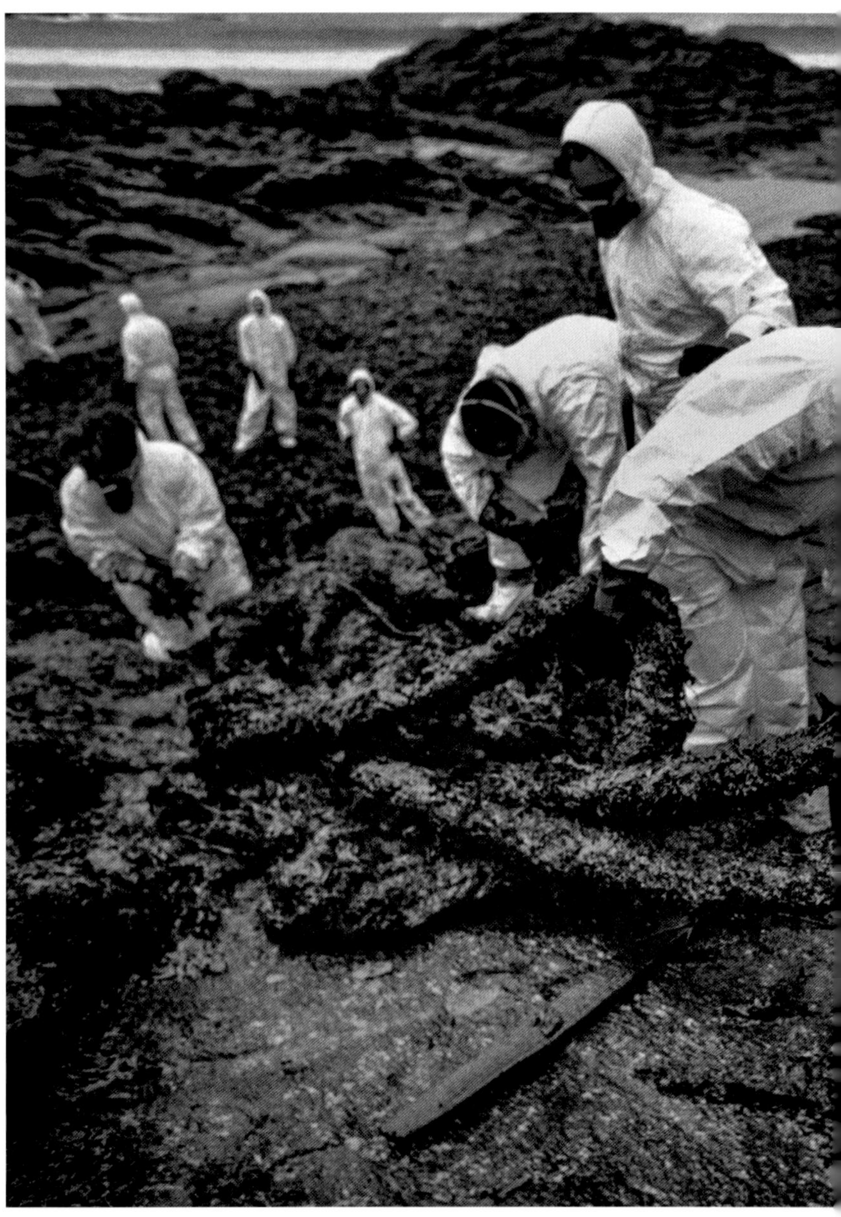

11. Prestige, Malpica, España, 2002

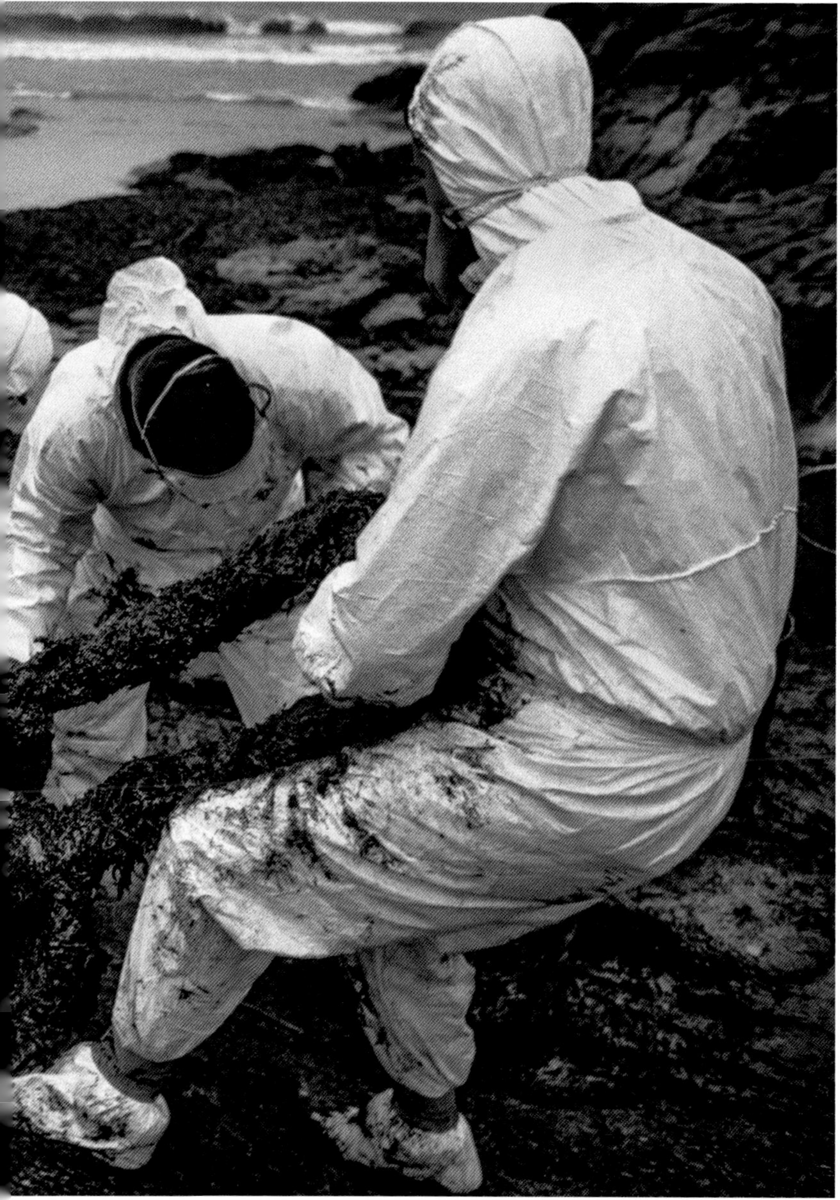

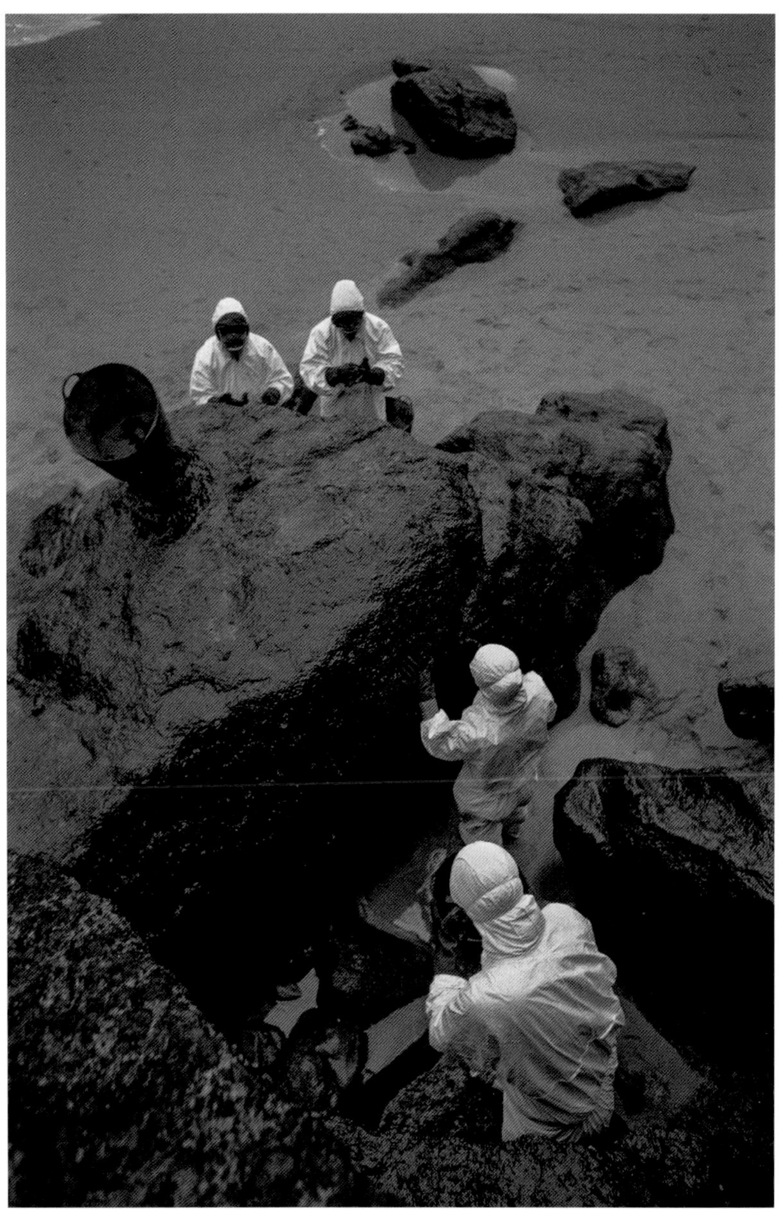

12. Prestige, Malpica, España, 2002

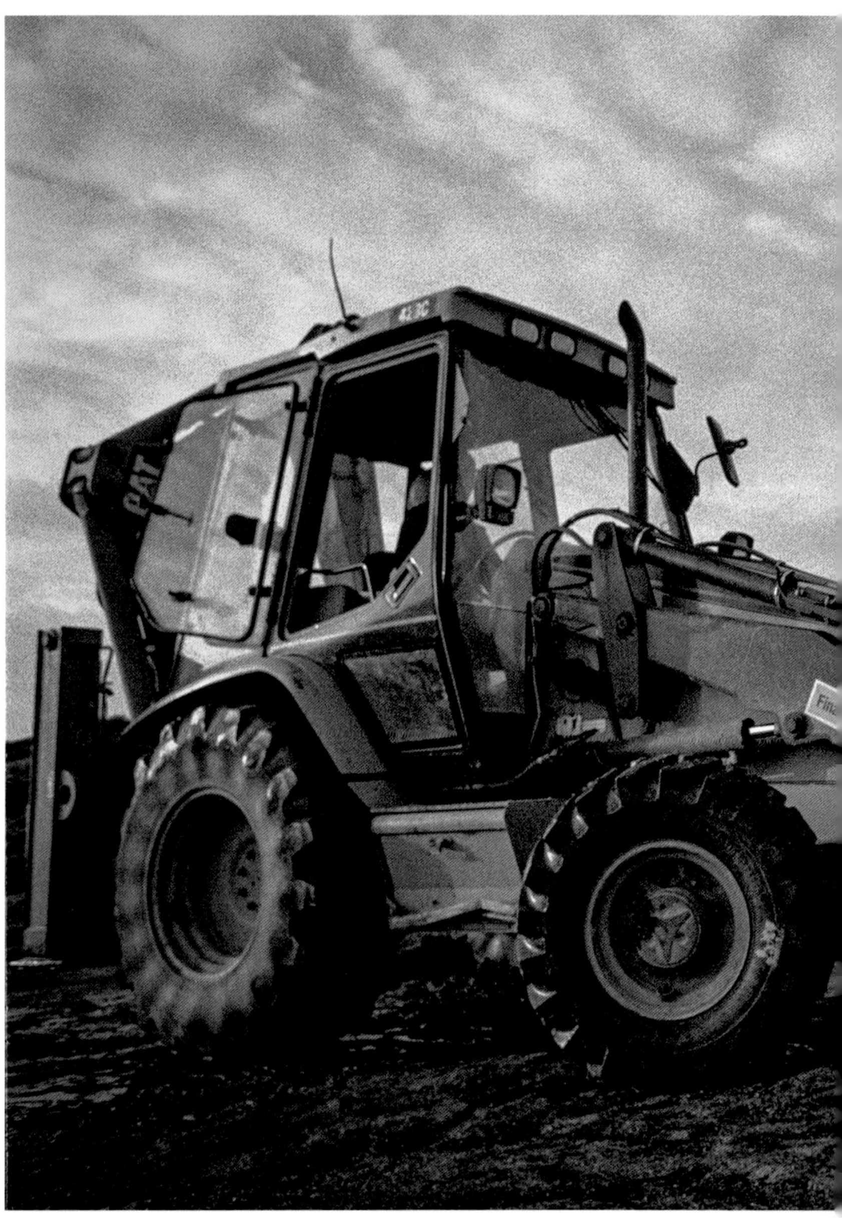

13. Prestige, Malpica, España, 2002

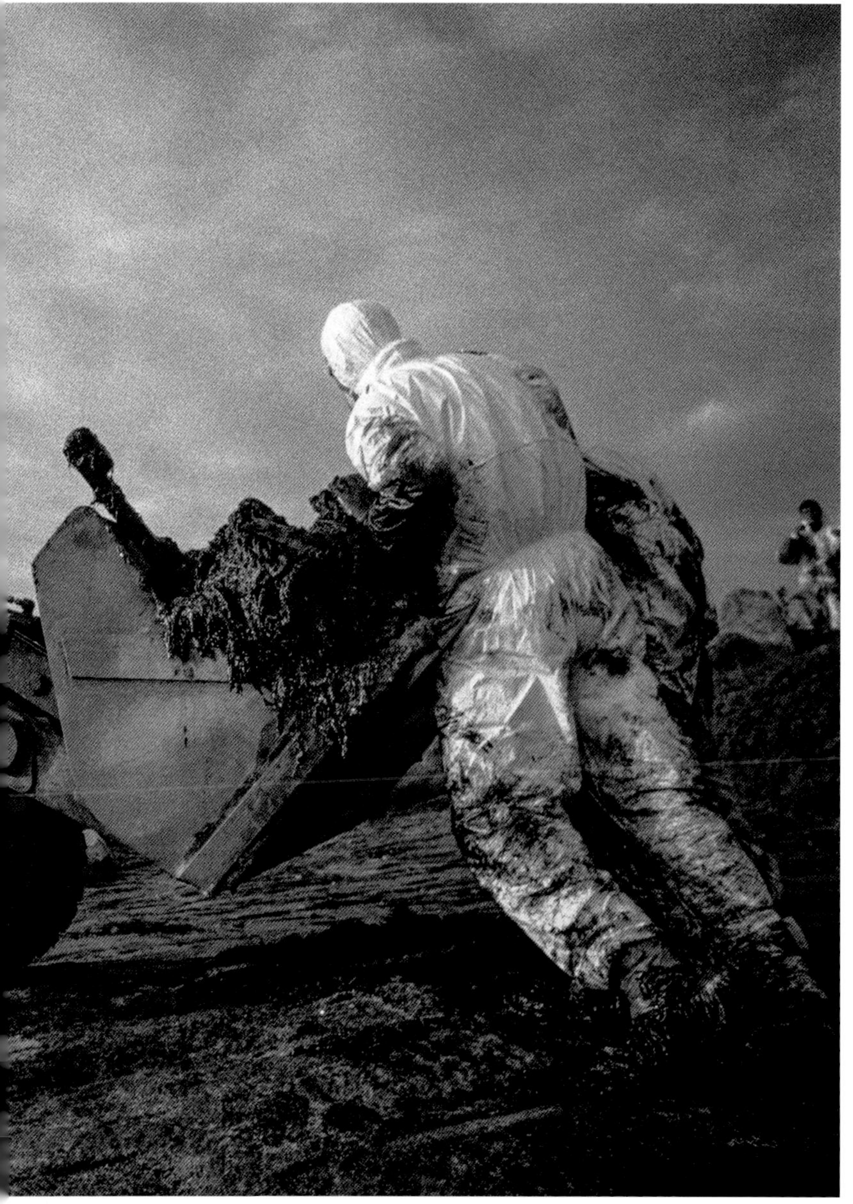

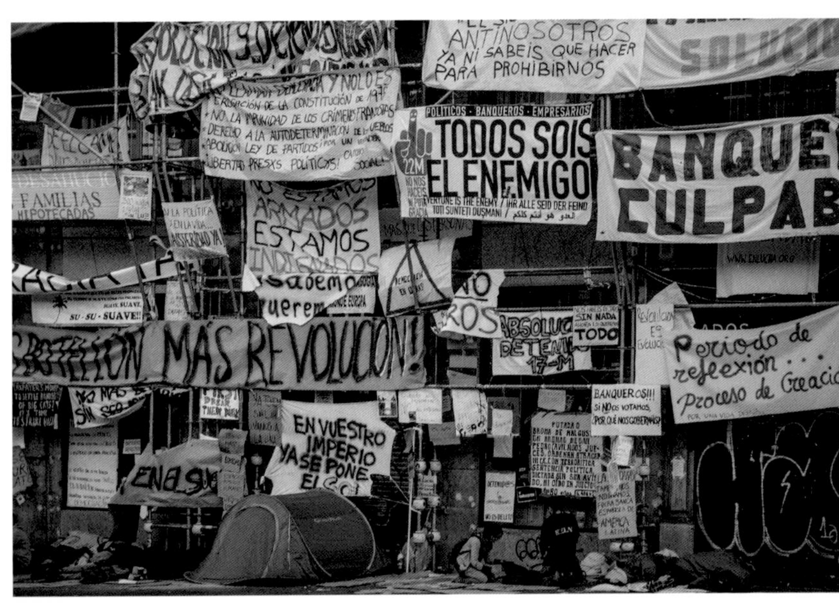

14. Indignados, Madrid, España, 2011

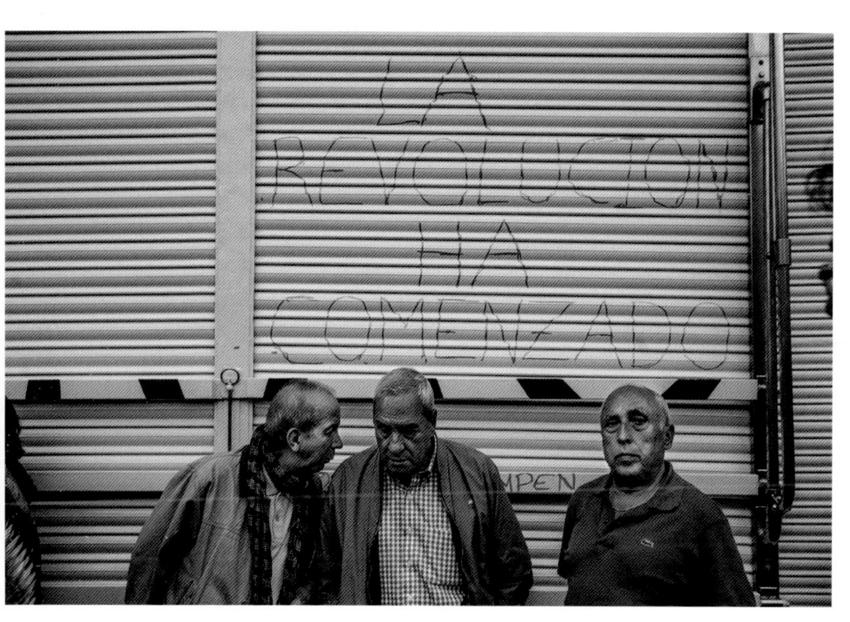

15. Indignados, Madrid, España, 2011

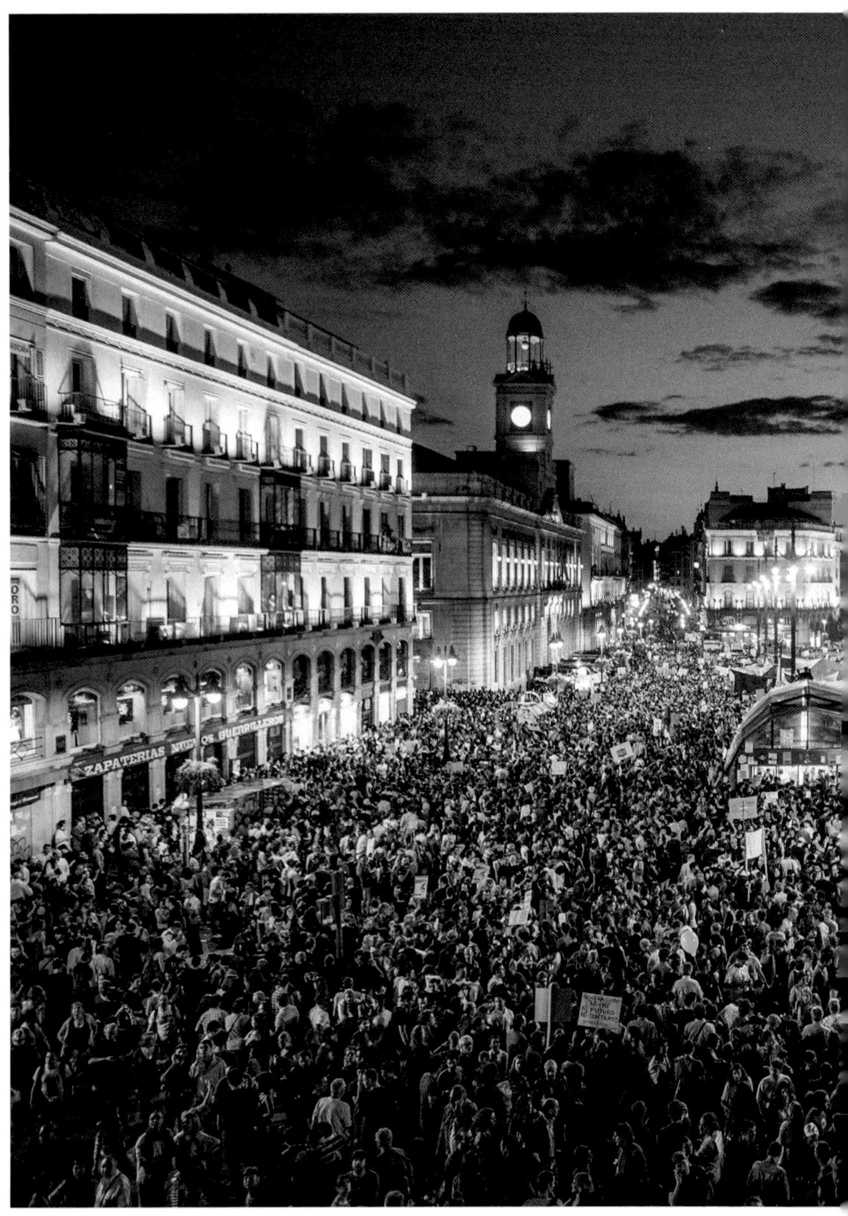

16. Indignados, Madrid, España, 2011

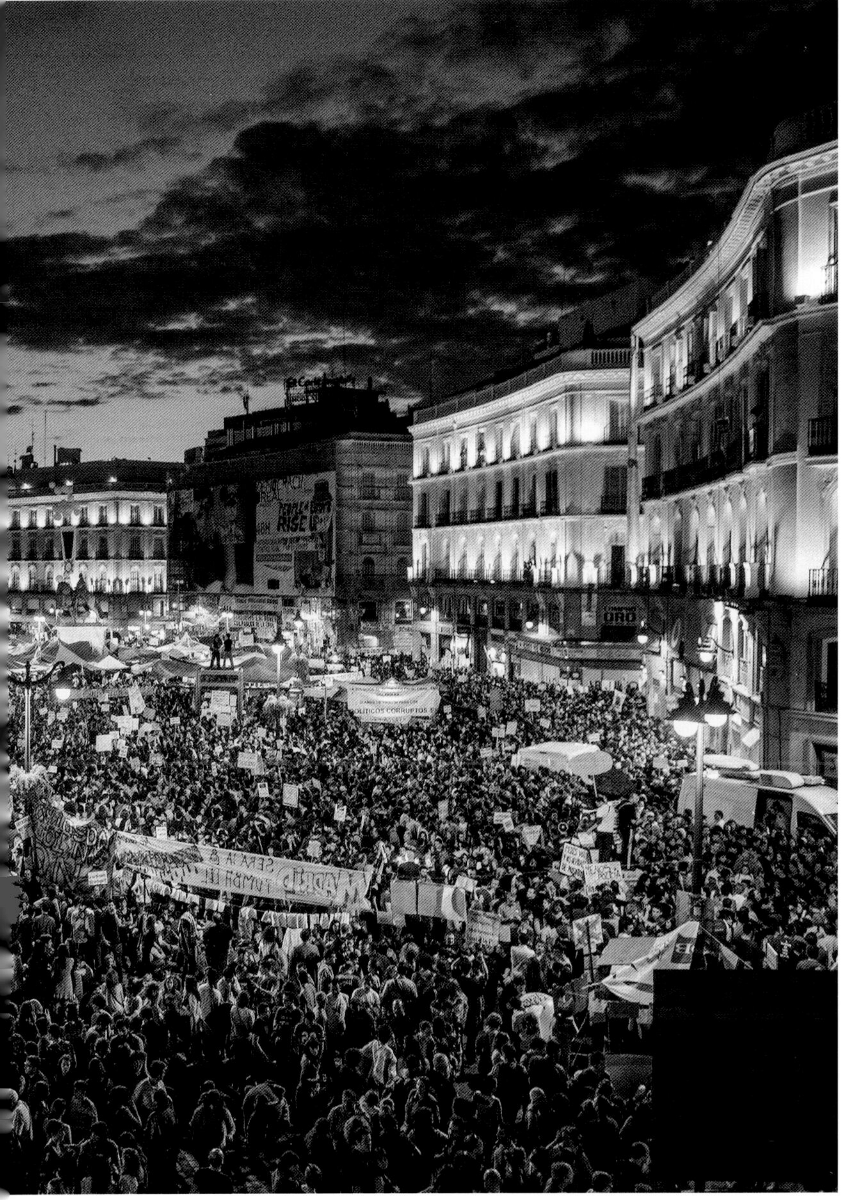

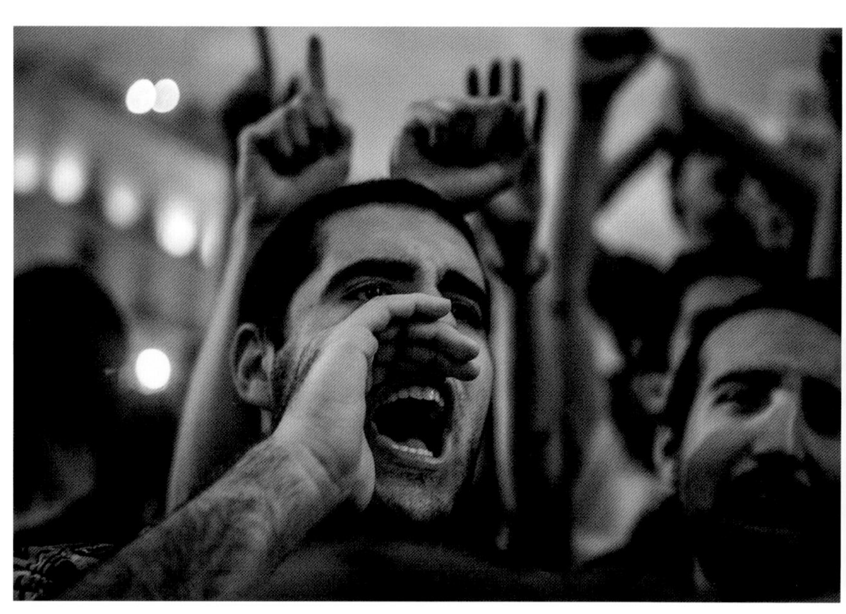

17. Indignados, Madrid, España, 2011

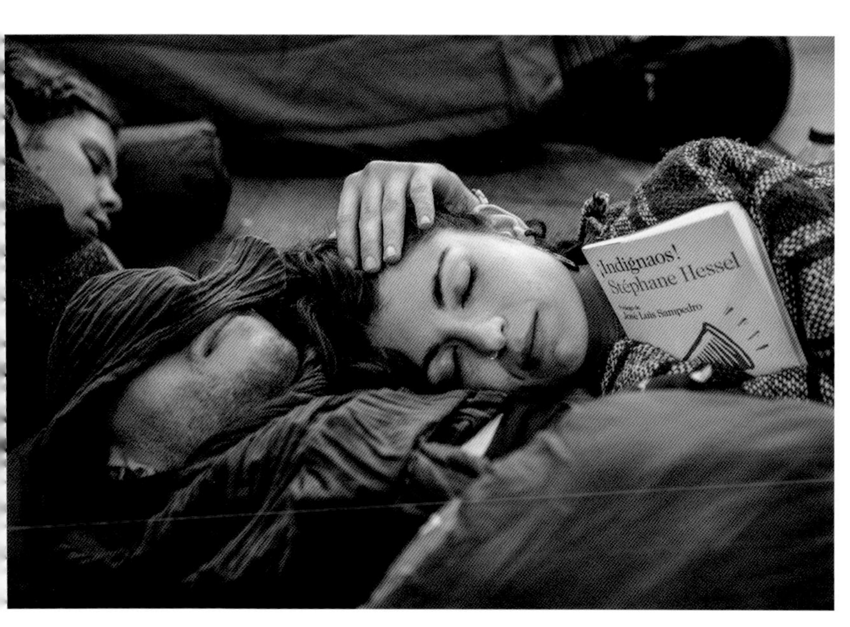

18. Indignados, Madrid, España, 2011

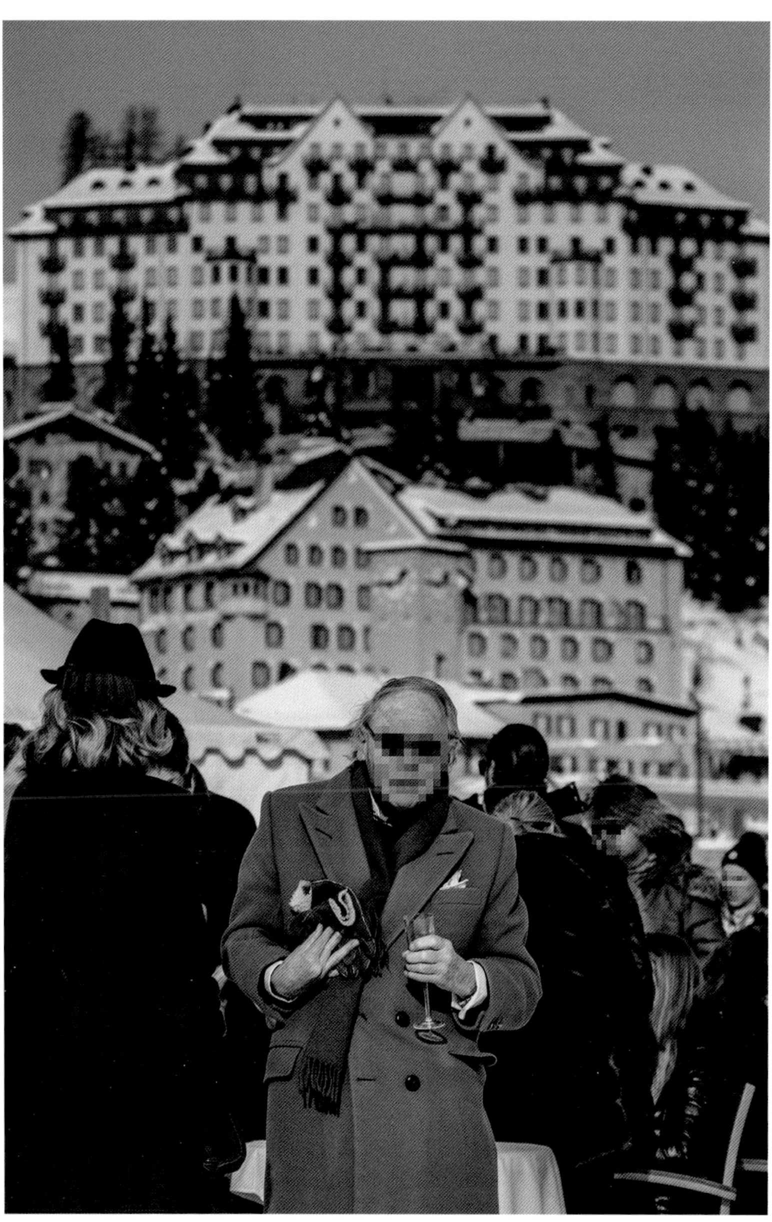

19. Wealth Management, St Moritz, Suiza, 2015

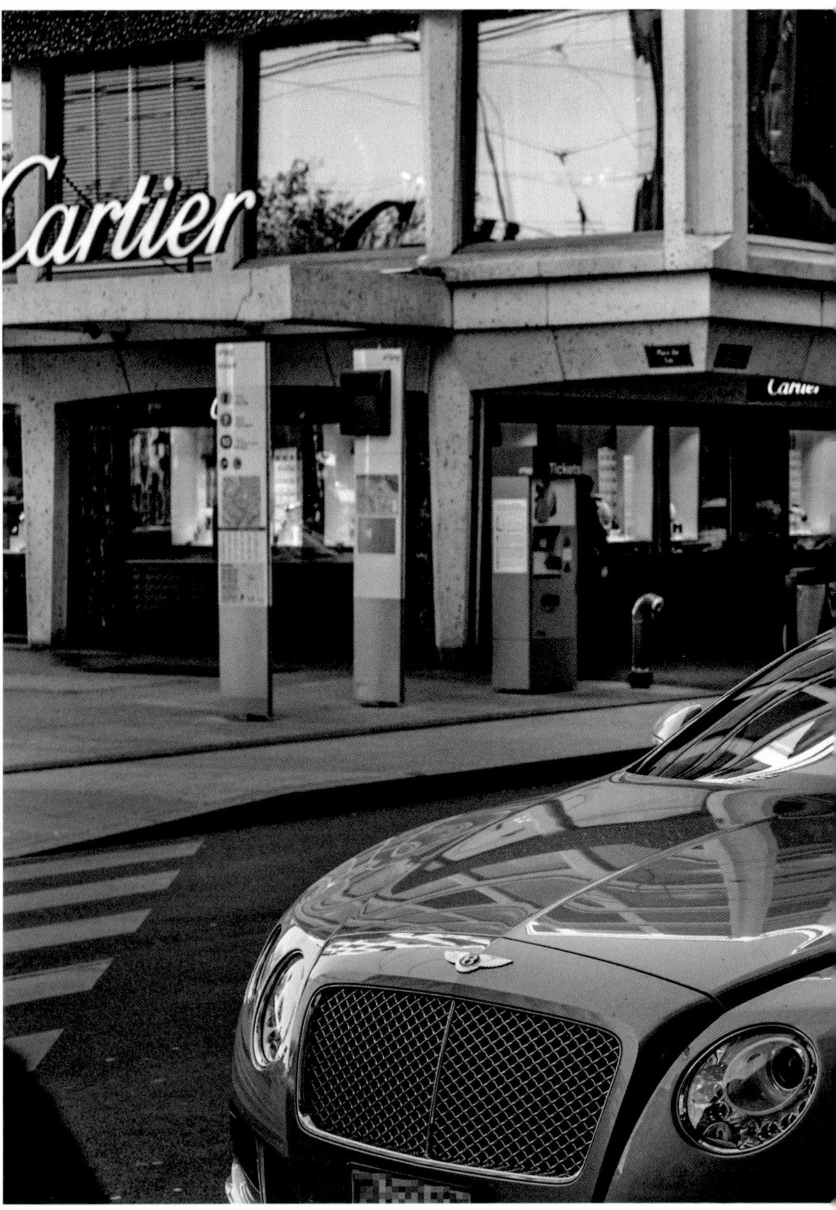

20. Wealth Management, Ginebra, Suiza, 2013

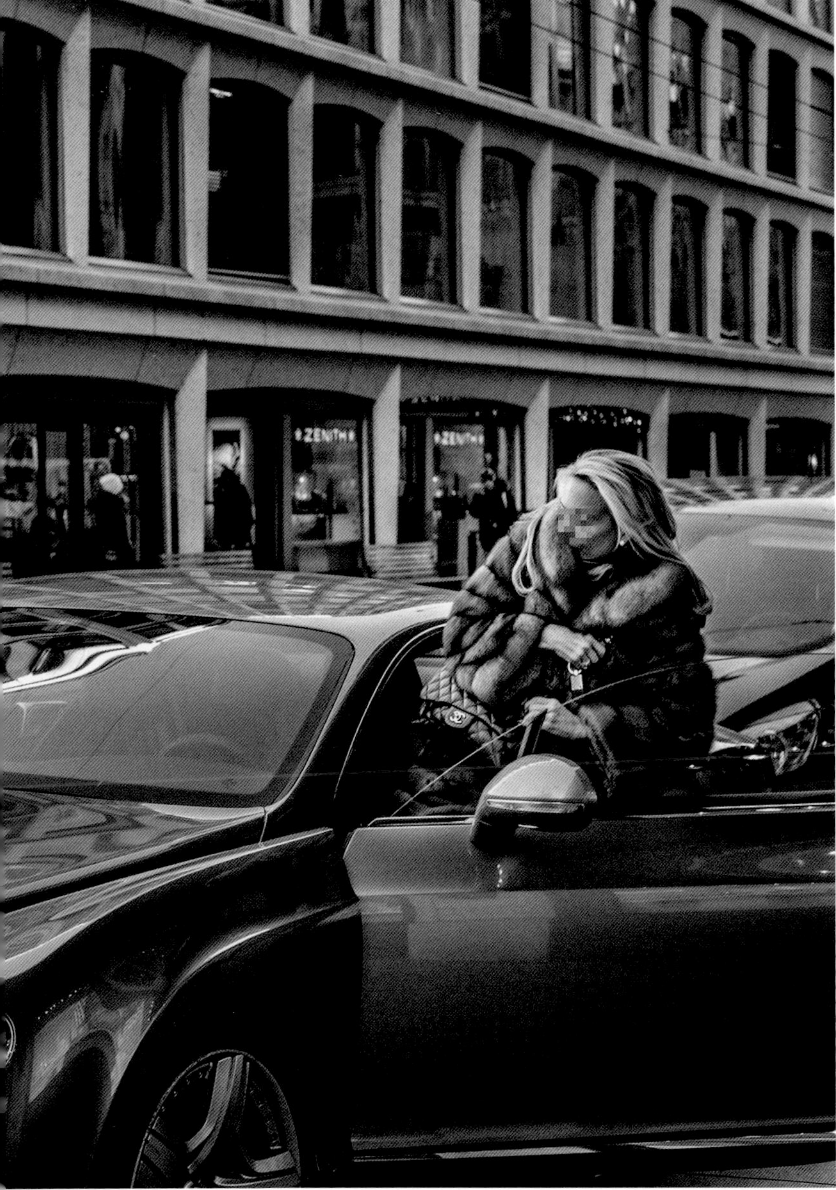

ZENITH
ZENITH

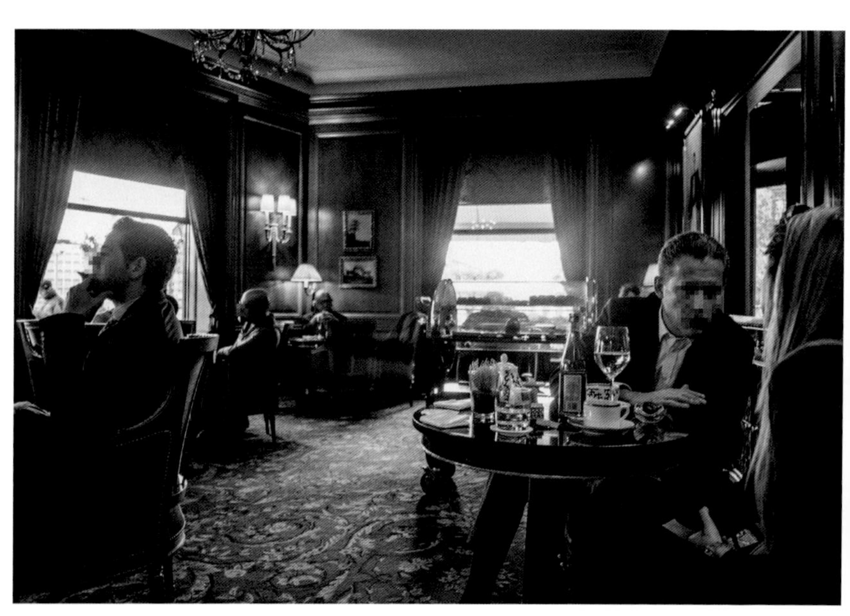

21. Wealth Management, Ginebra, Suiza, 2013

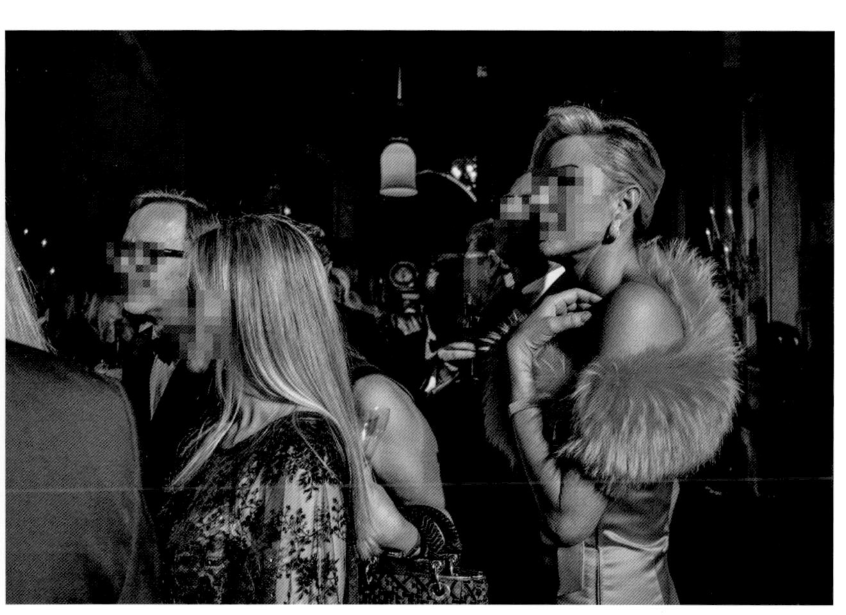

22. Wealth Management, St. Moritz, Suiza, 2015

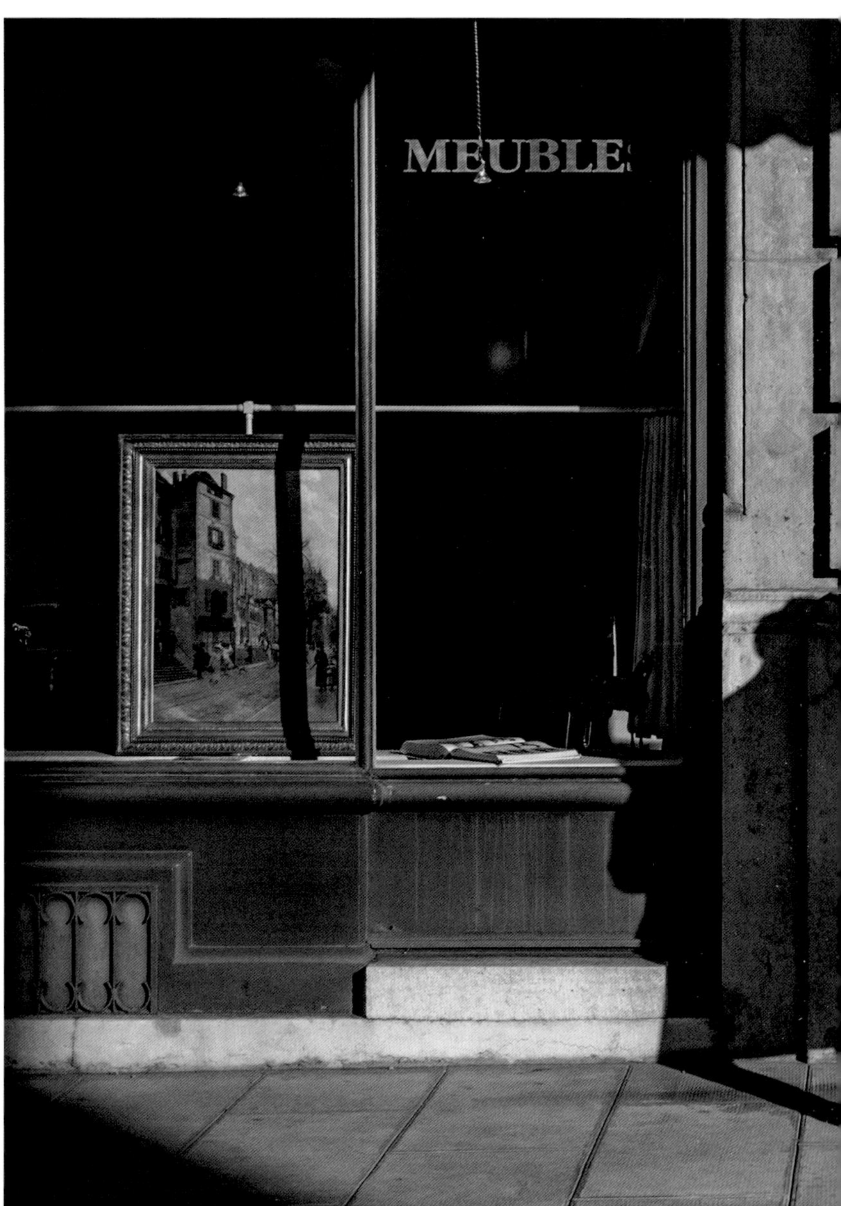

23. Wealth Management, Ginebra, Suiza, 2013

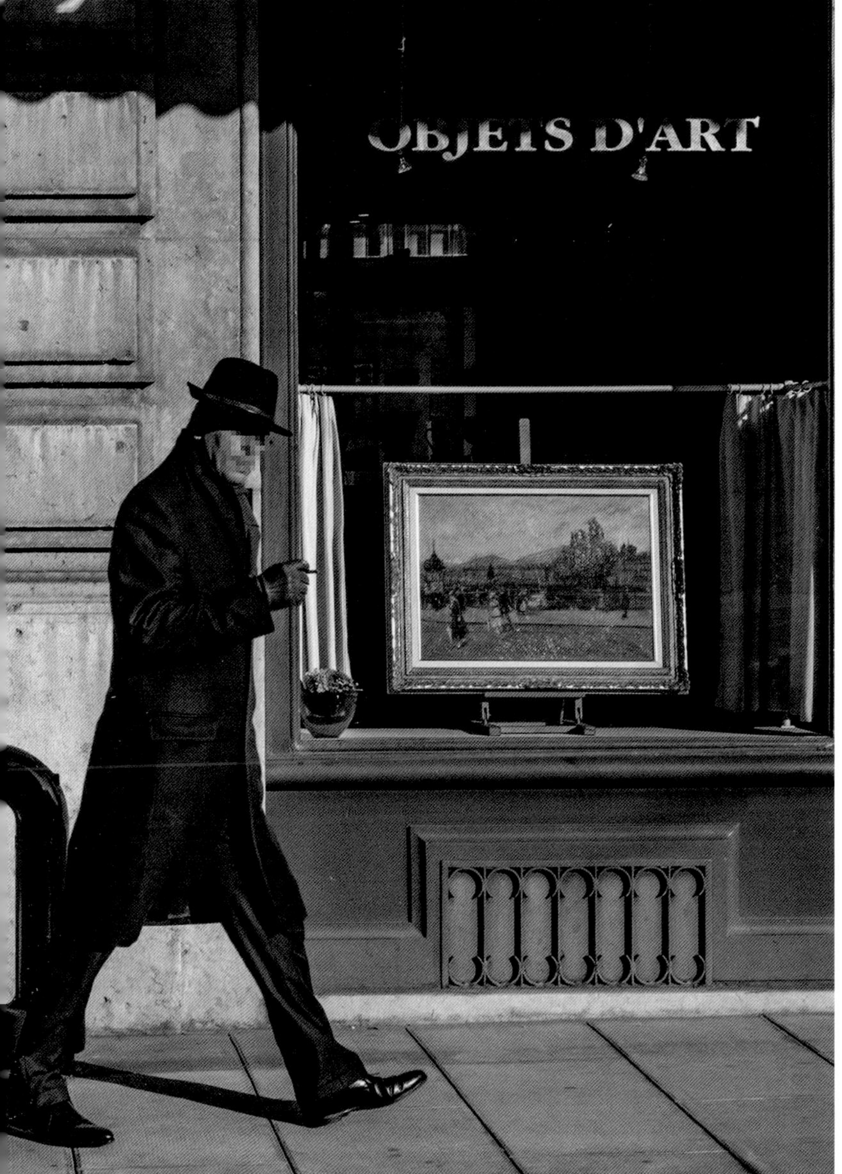

OBJETS D'ART

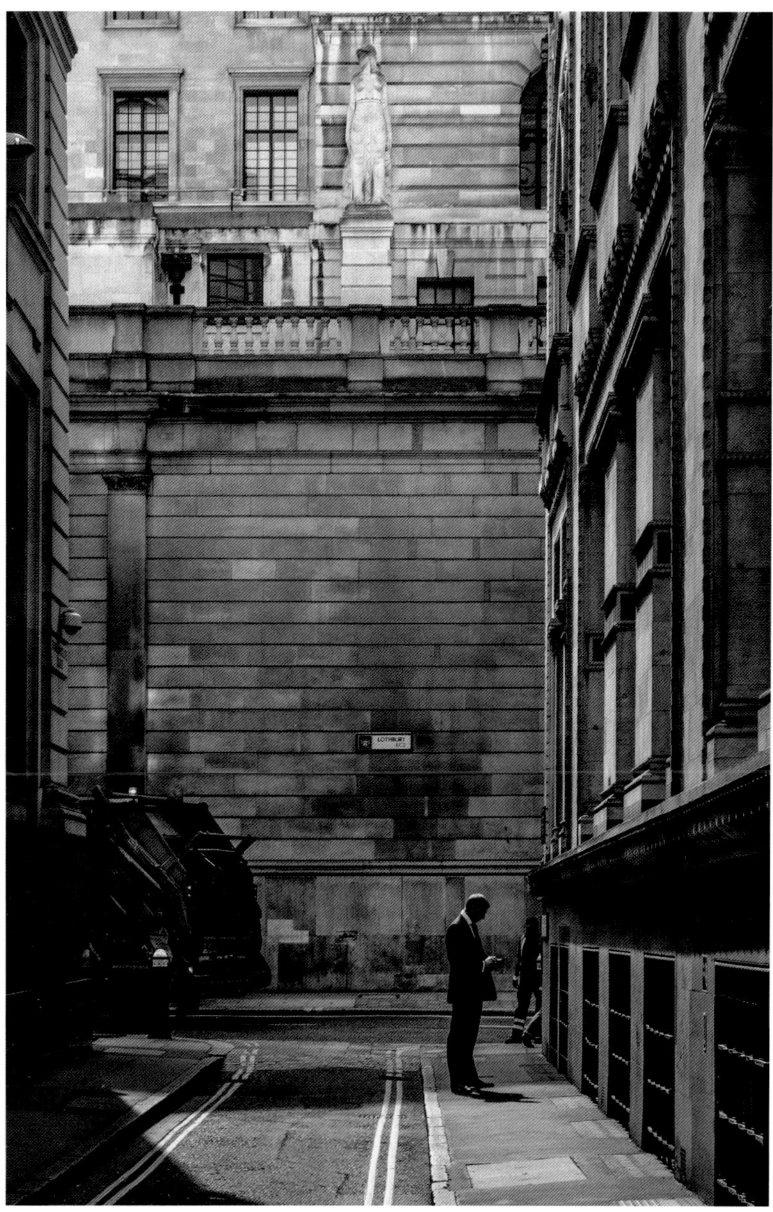

24. Wealth Management, Londres, Reino Unido, 2015

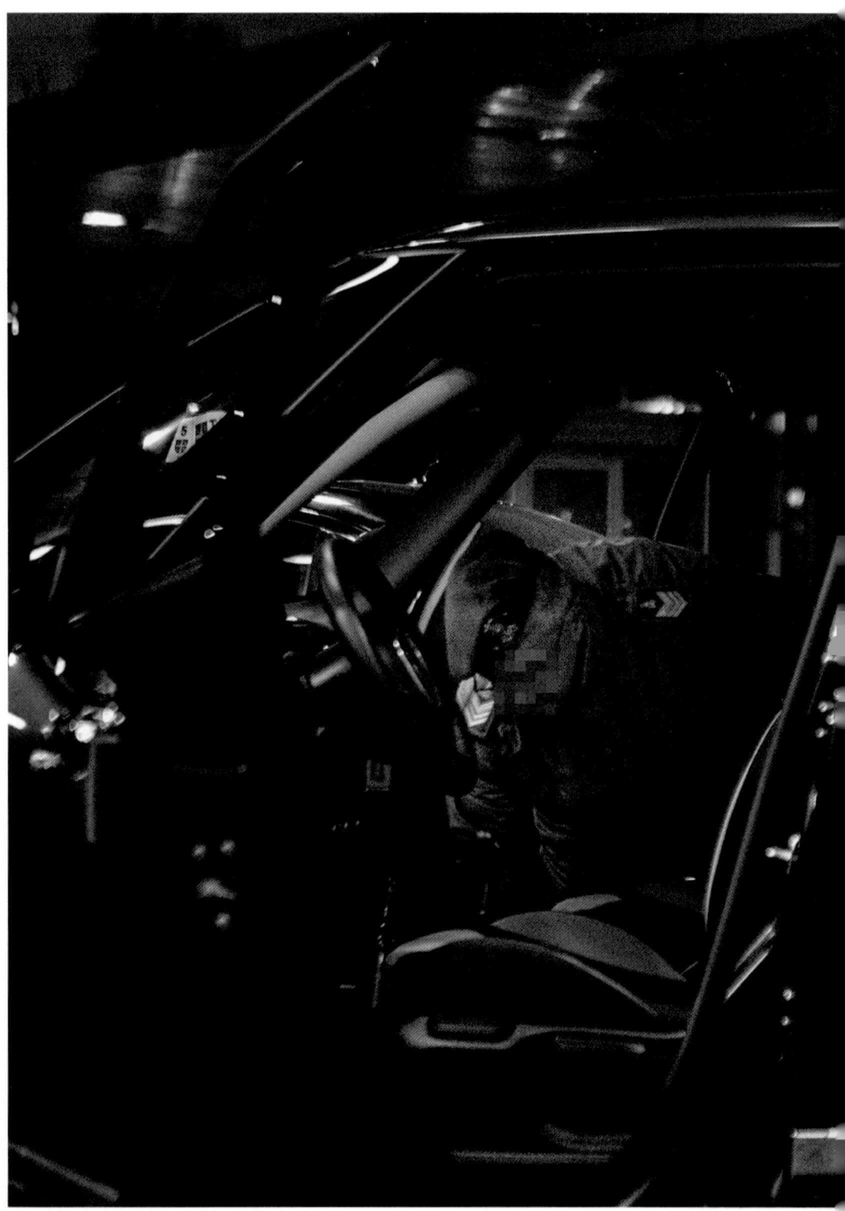

25. Wealth Management, Chiasso, Italia, 2013

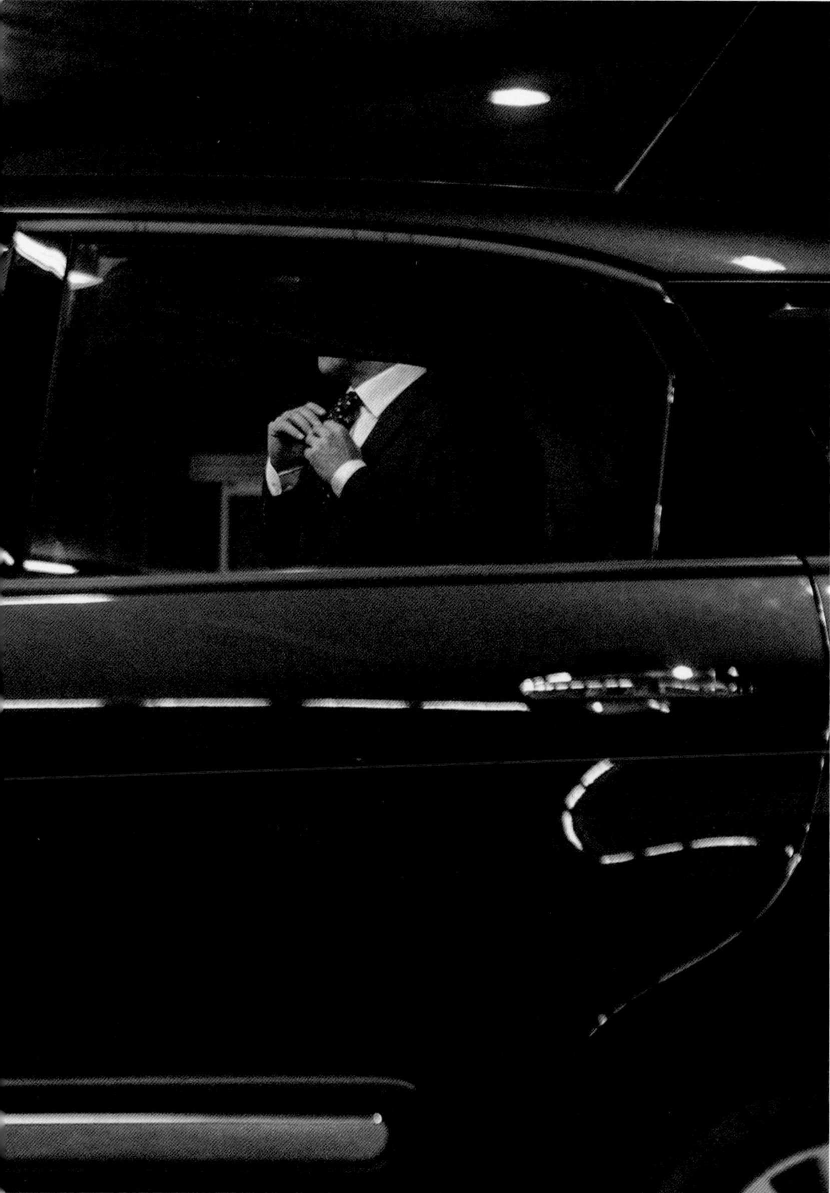

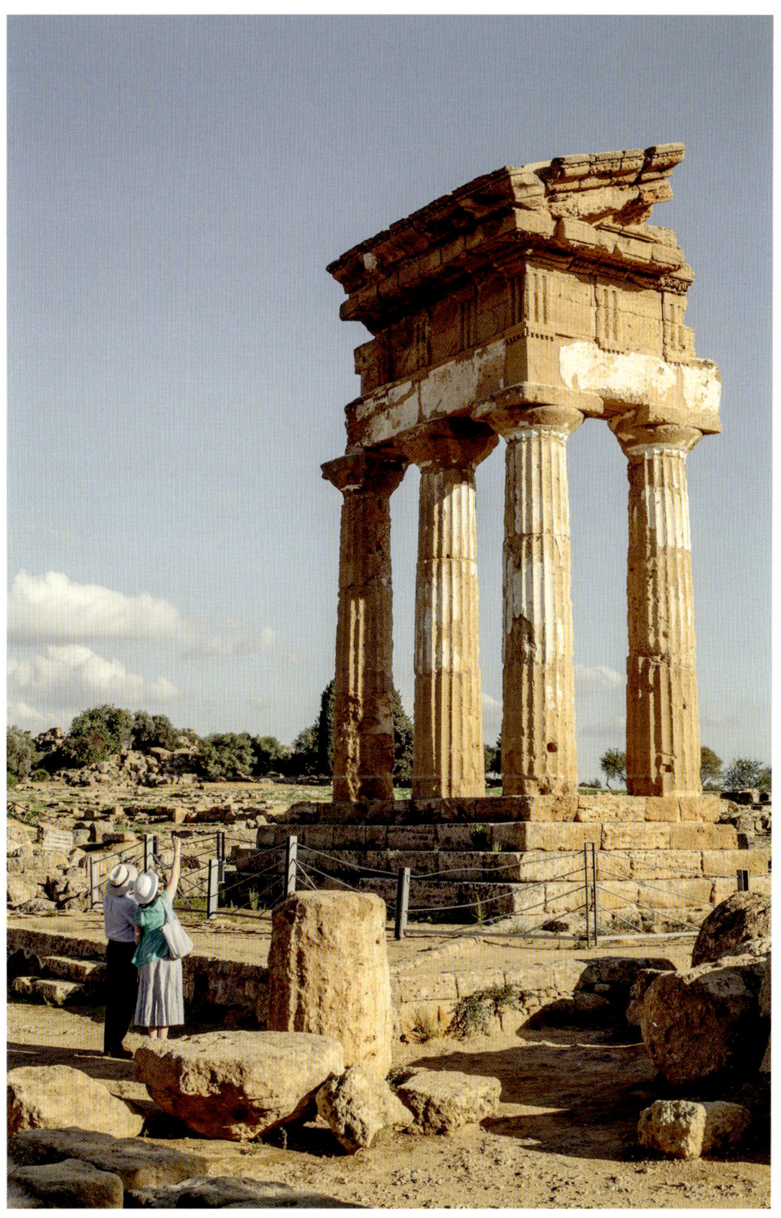

26. The Pigs, Agrigento, Italia, 2010

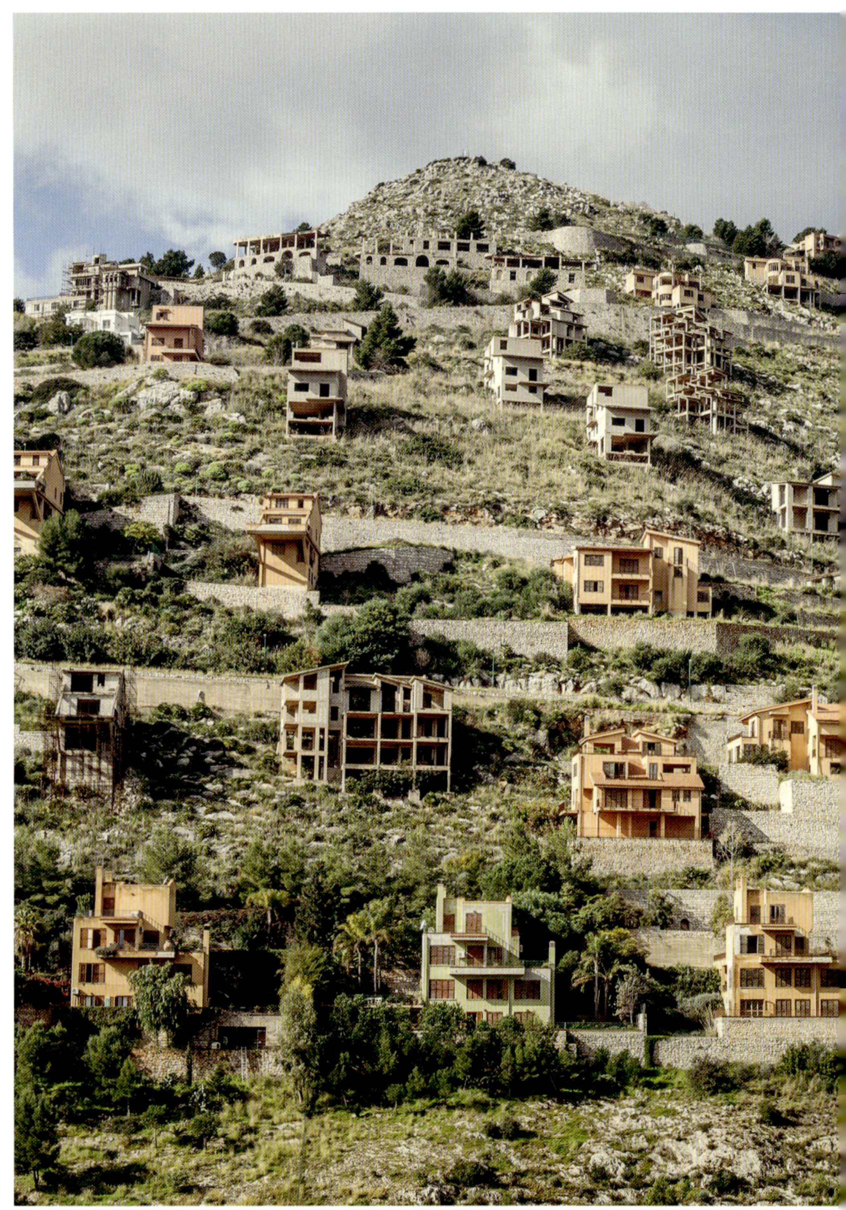

27. The Pigs, Mondello, Italia, 2011

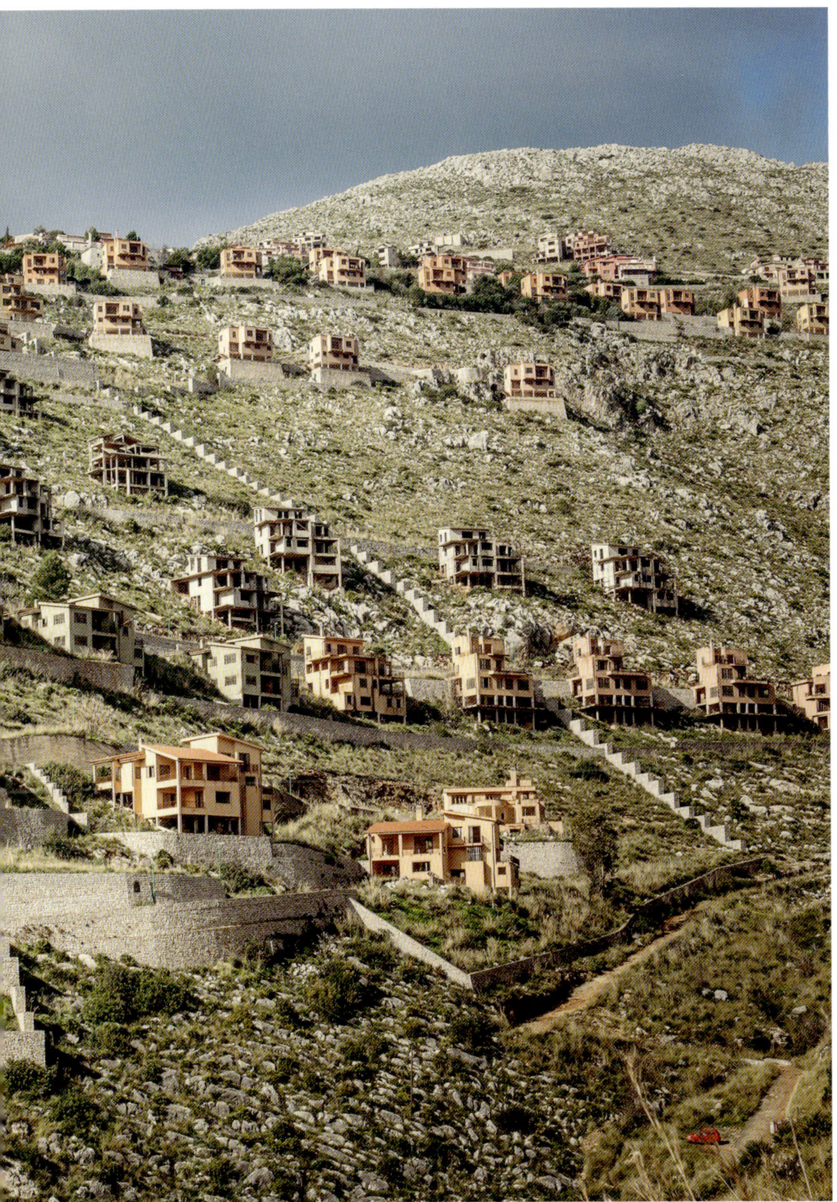

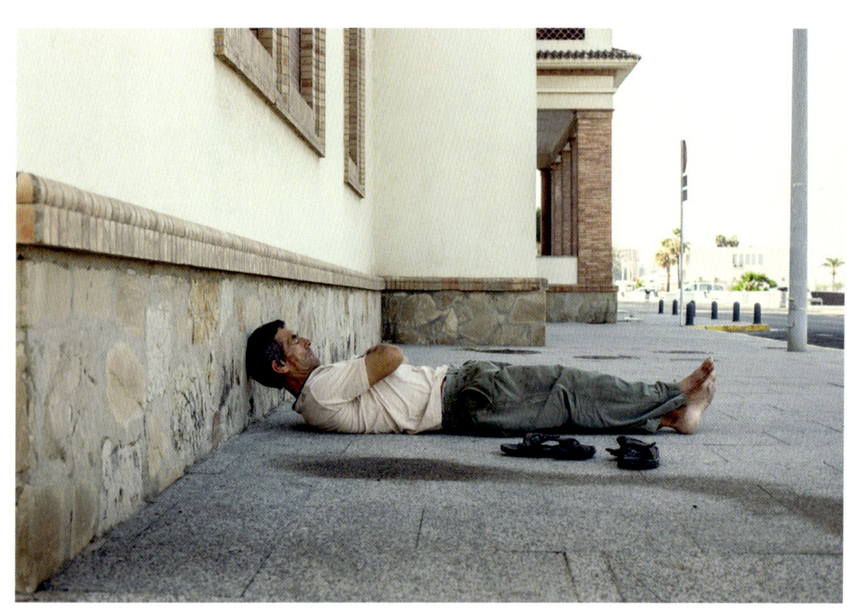

28. The Pigs, Algeciras, España, 2009

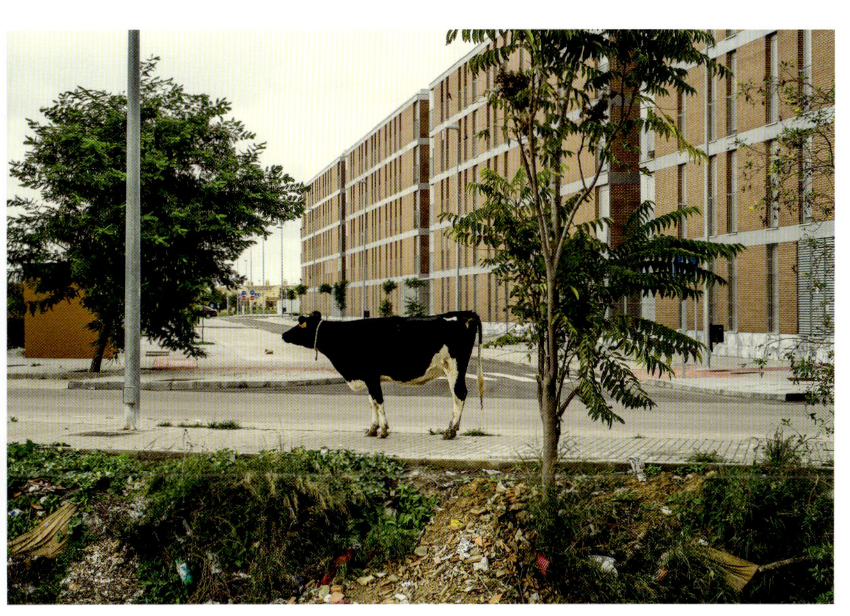

29. The Pigs, Jerez, España, 2012

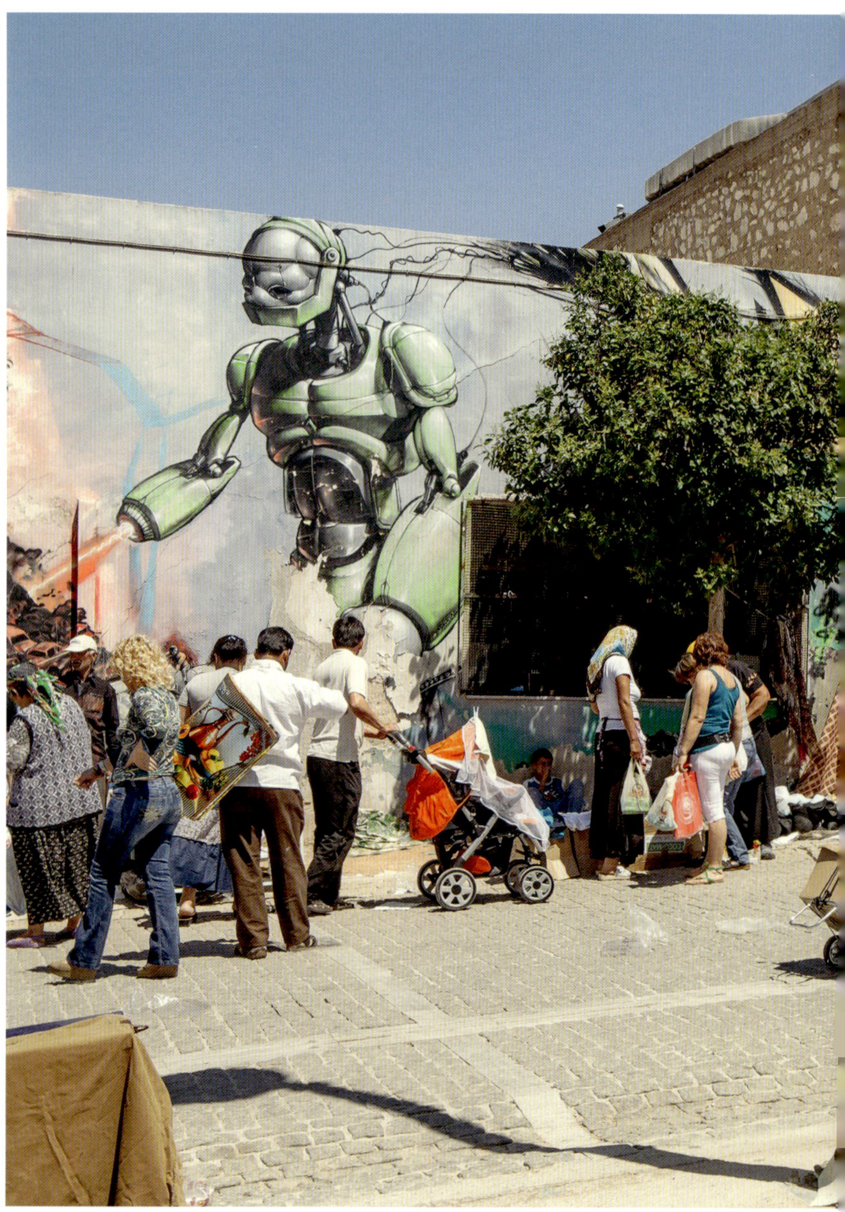

30. The Pigs, Atenas, Grecia, 2012

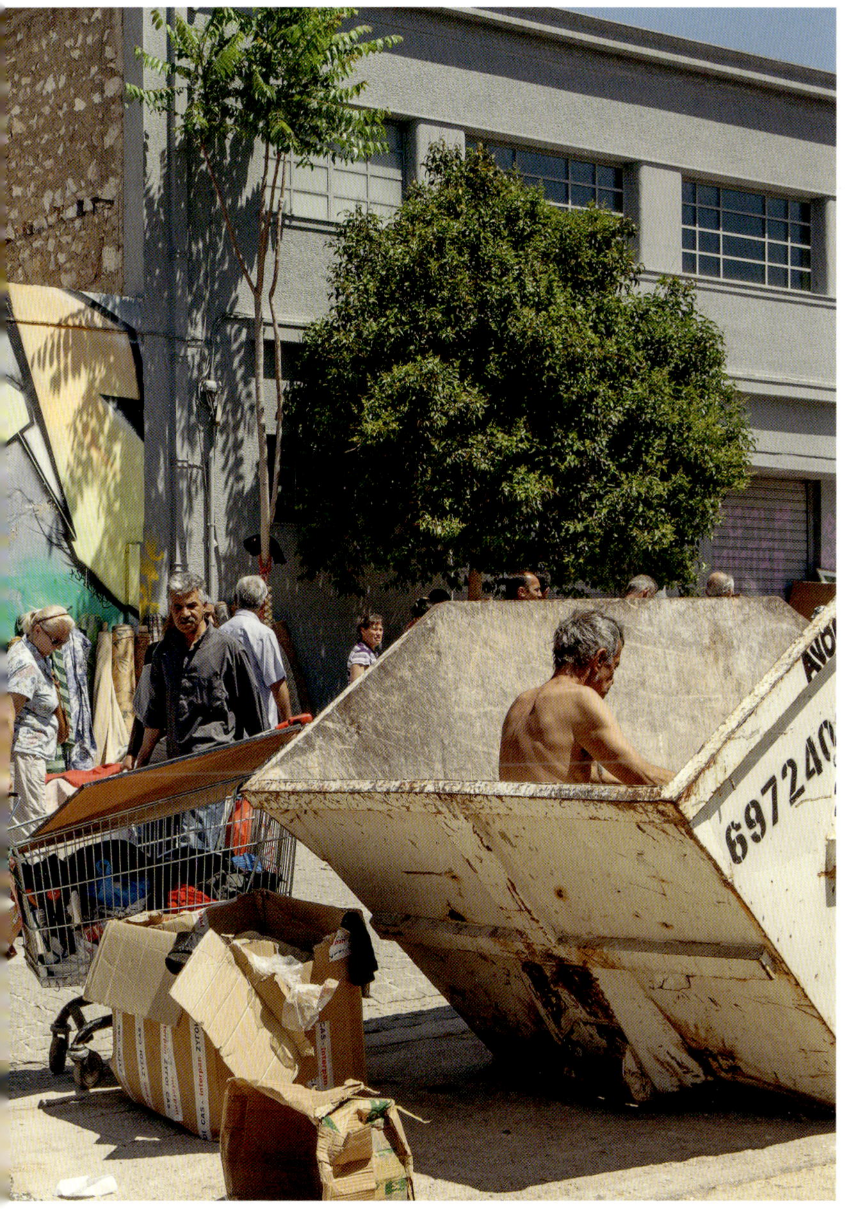
AVO
697240

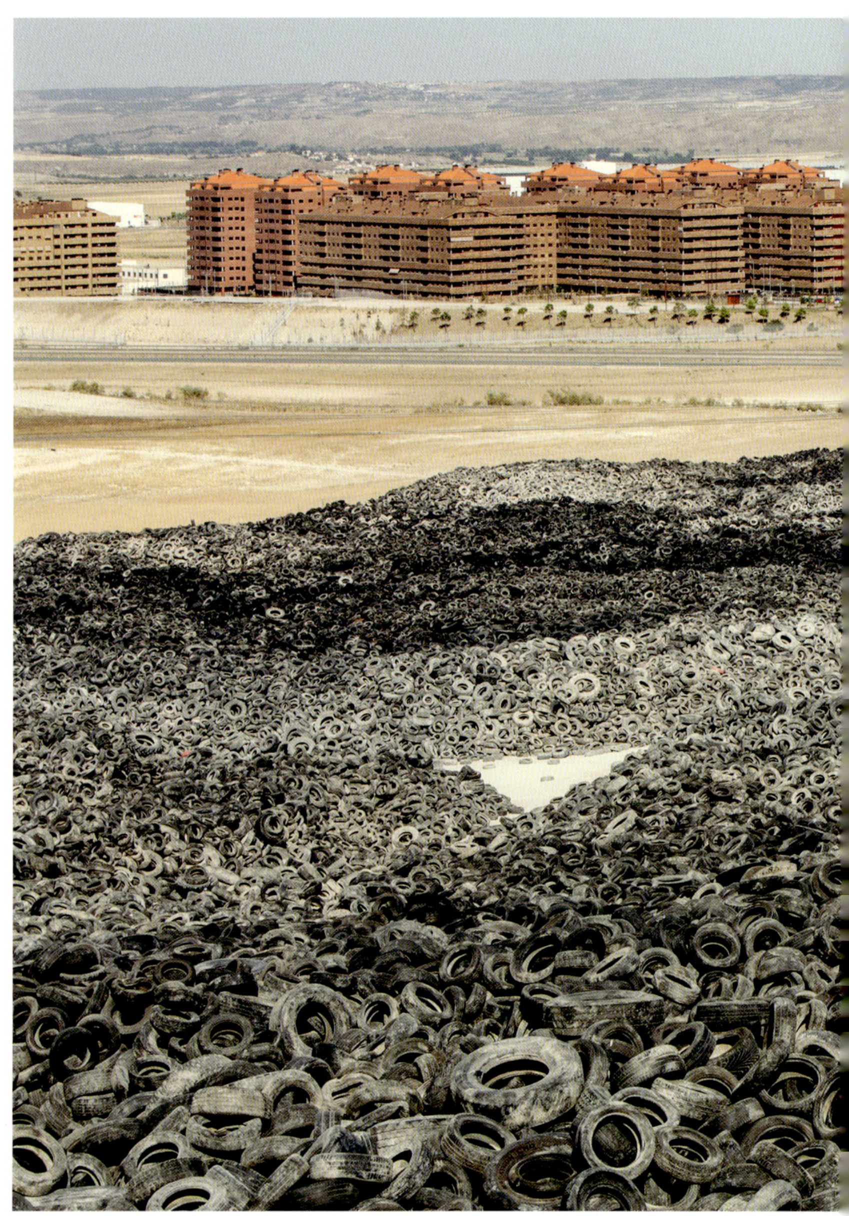

31. The Pigs, Seseña, España, 2009

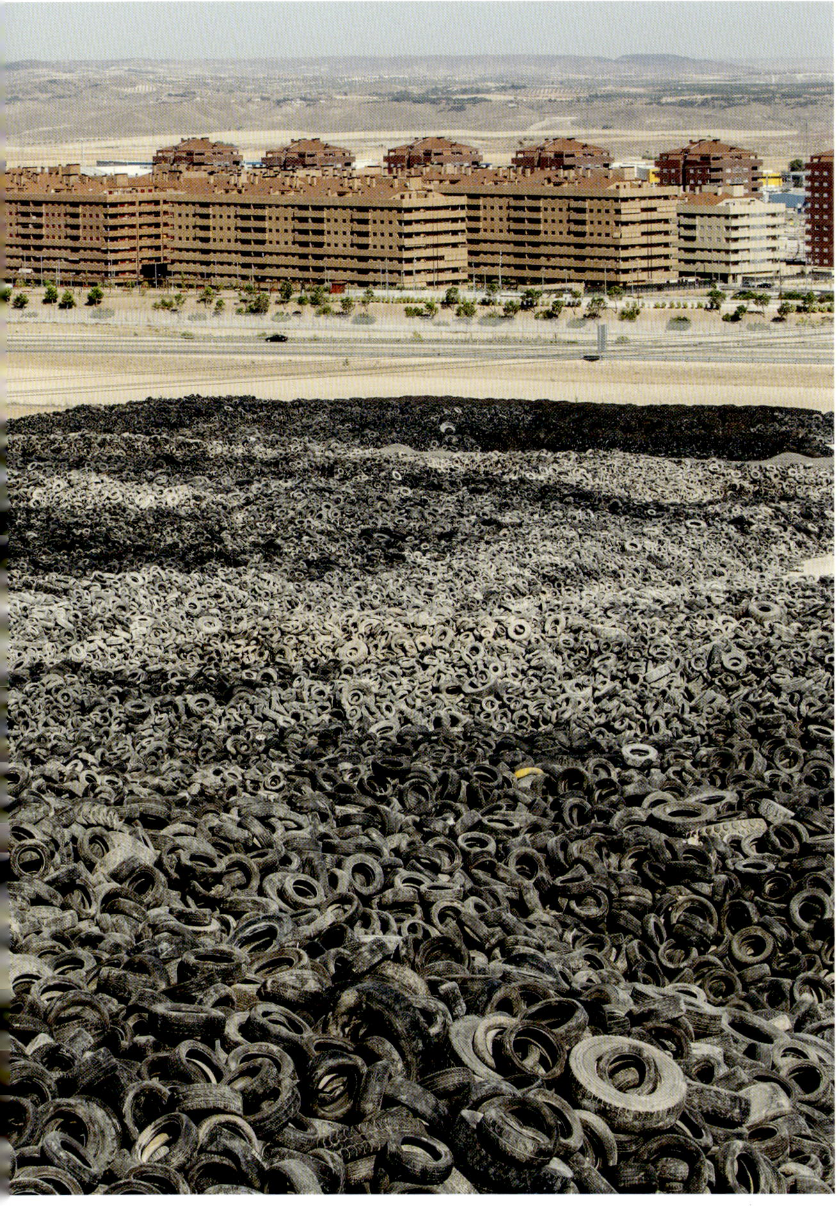

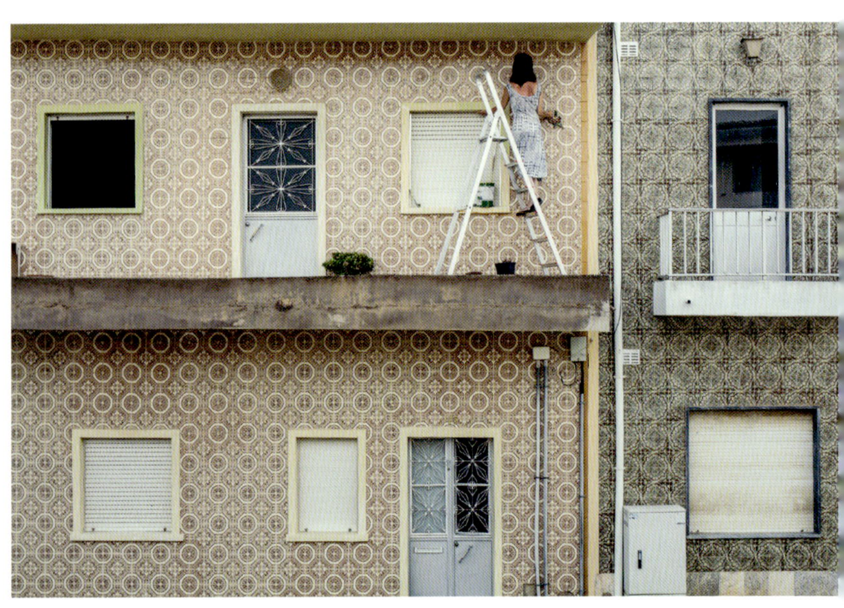

32. The Pigs, Cachopo, Portugal, 2011

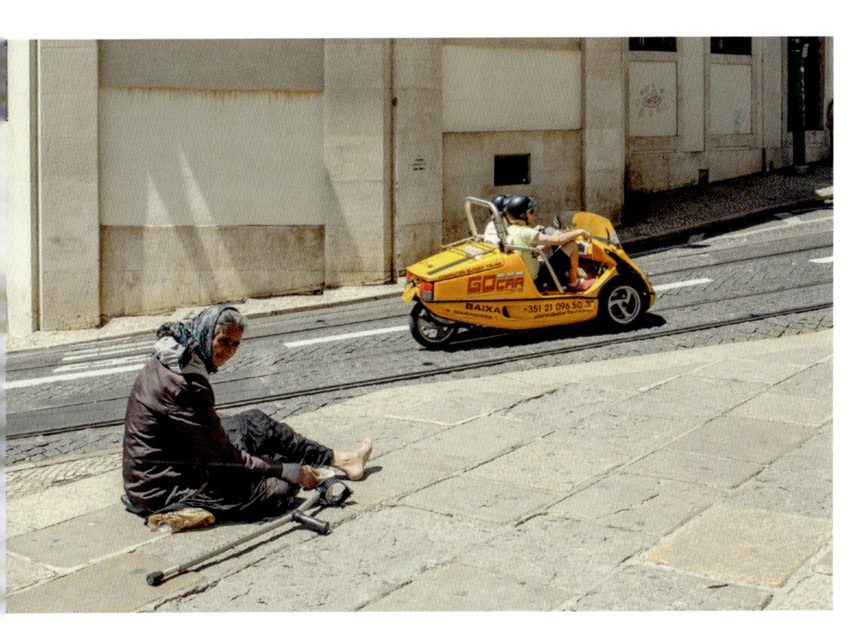

33. The Pigs, Lisboa, Portugal, 2011

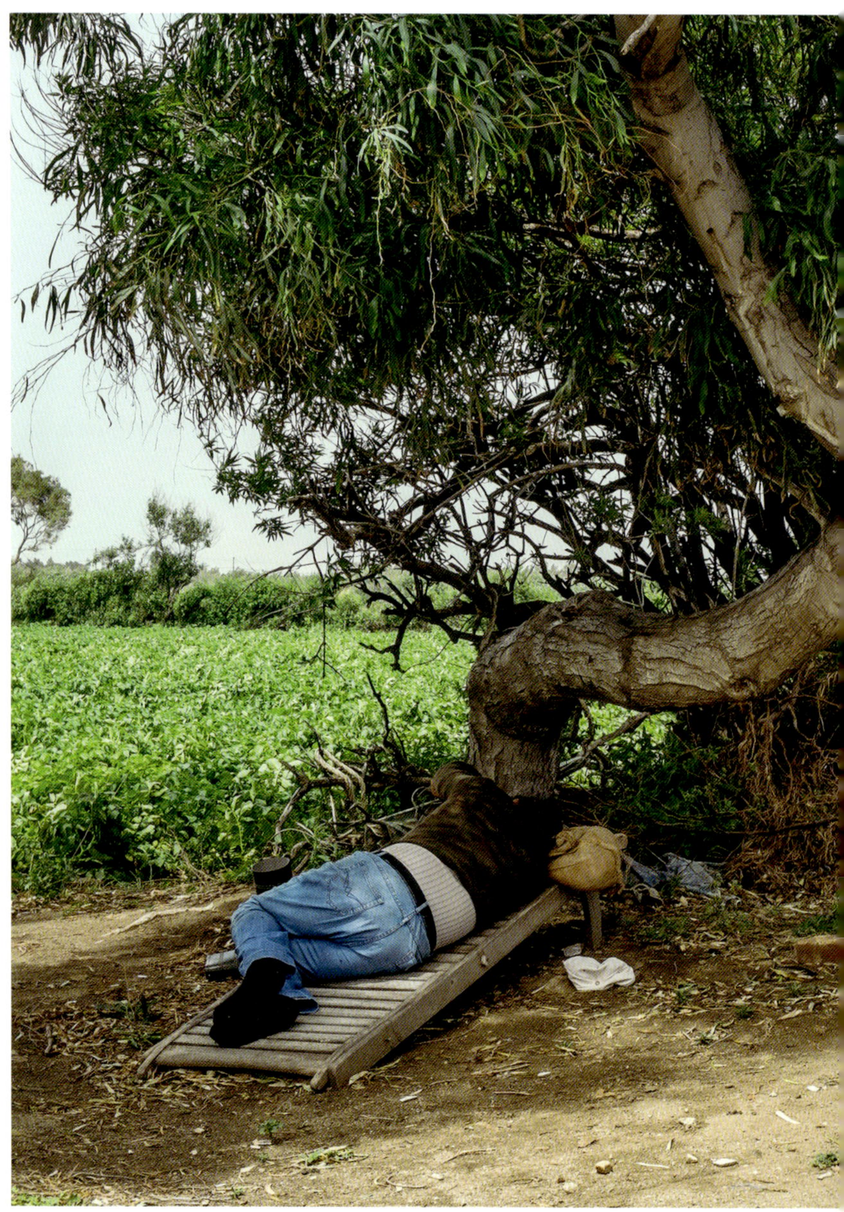

34. The Pigs, Naxos, Grecia, 2013

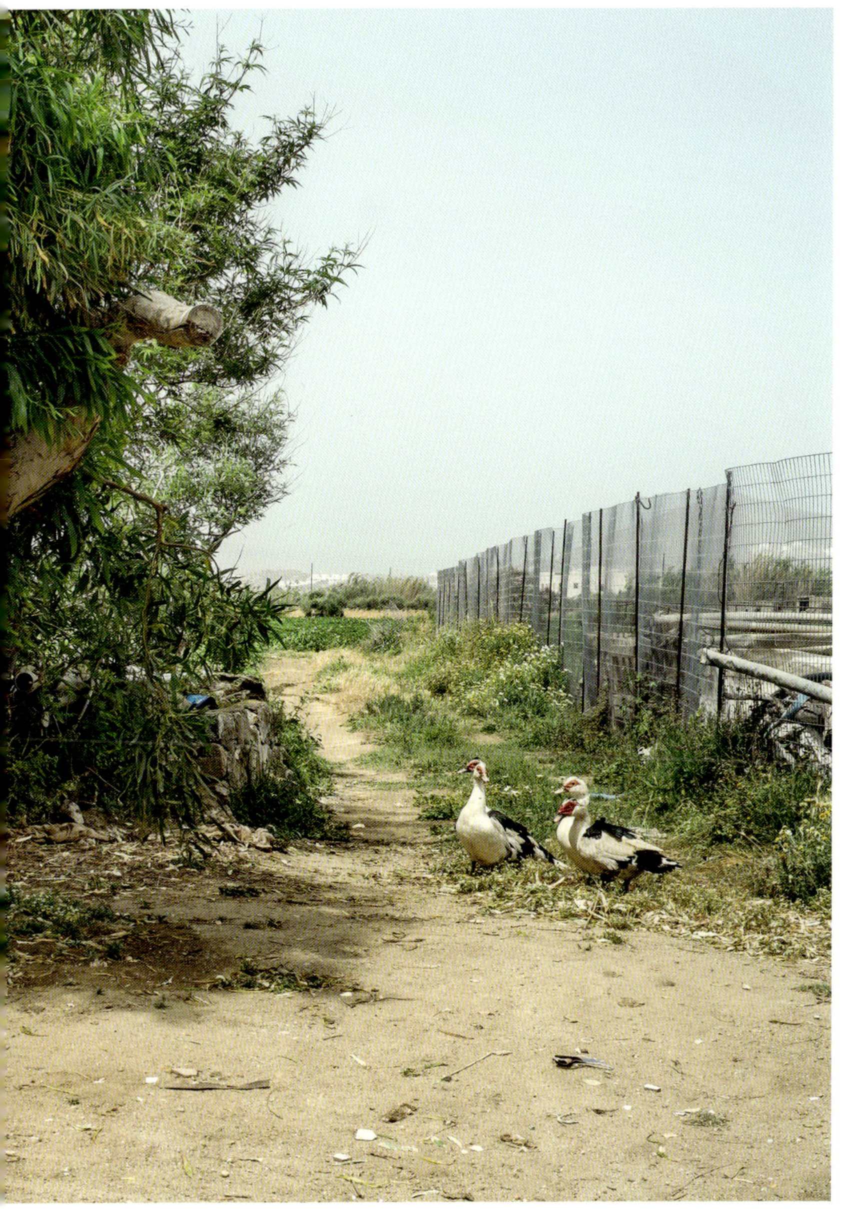

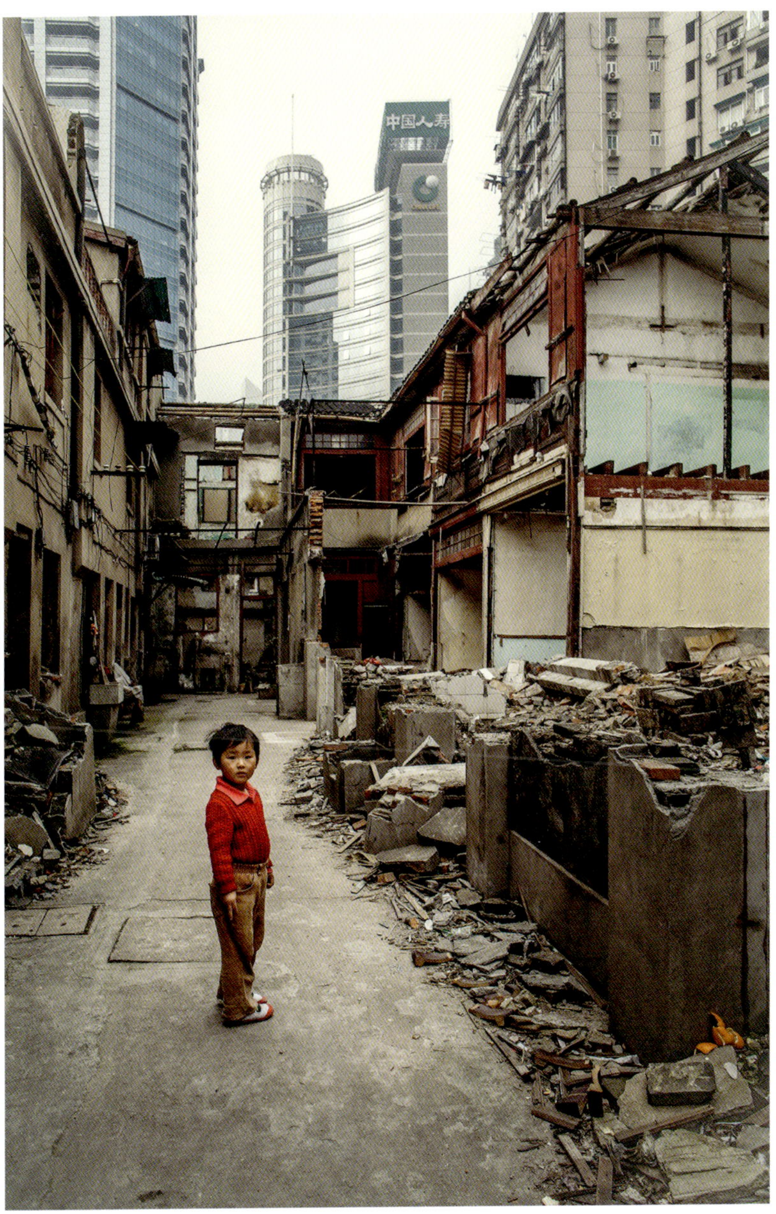

35. Golden Mile, Shanghai, China, 2006

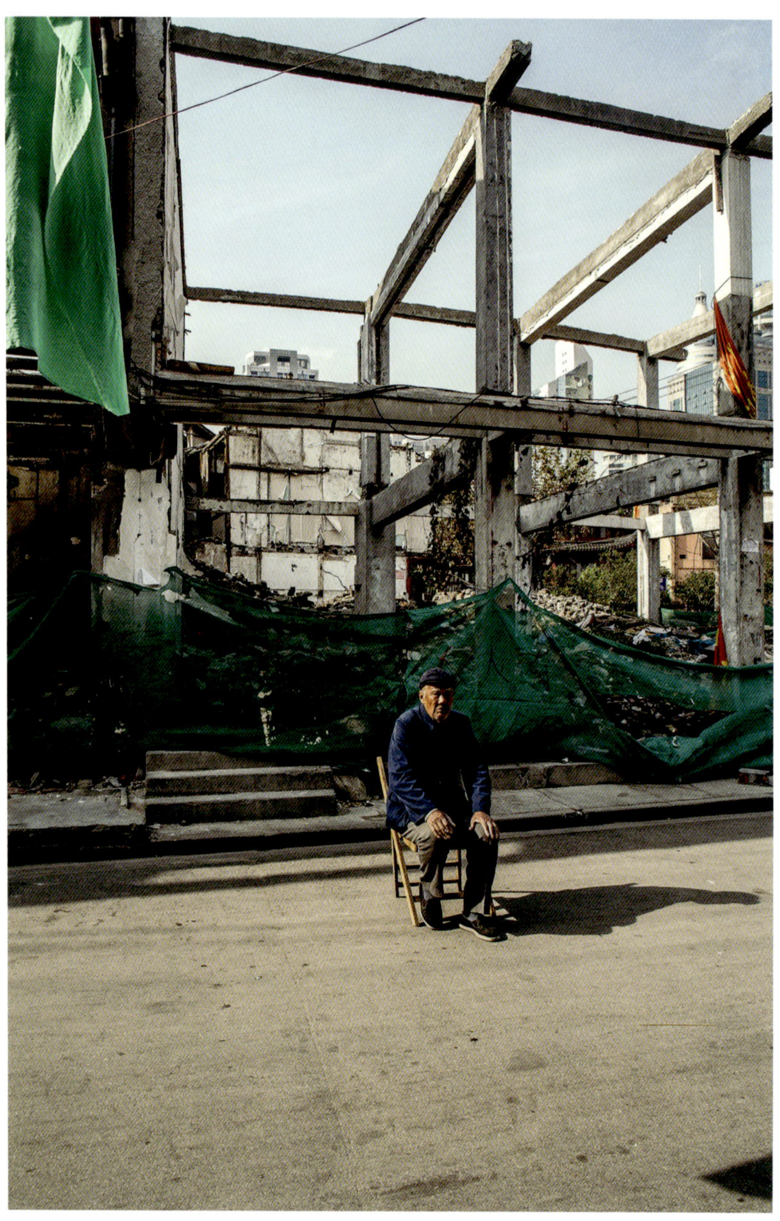

36. Golden Mile, Shanghai, China, 2006

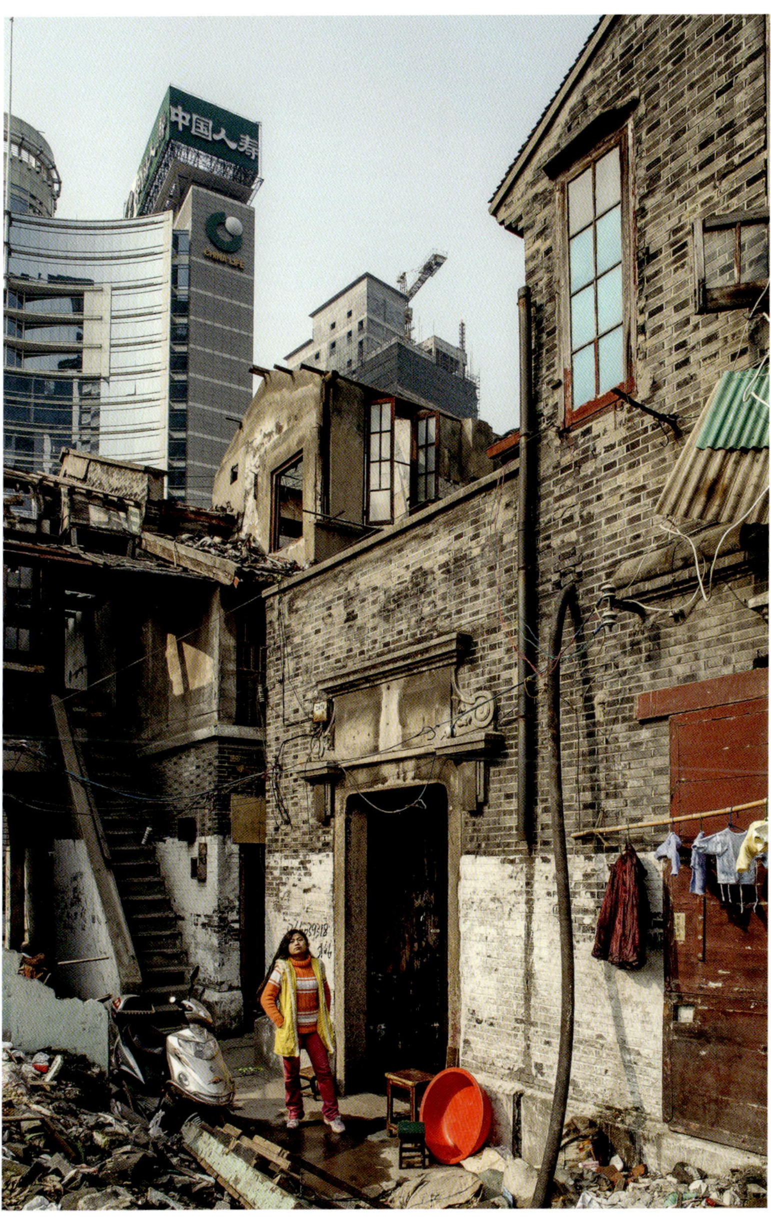

37. Golden Mile, Shanghai, China, 2006

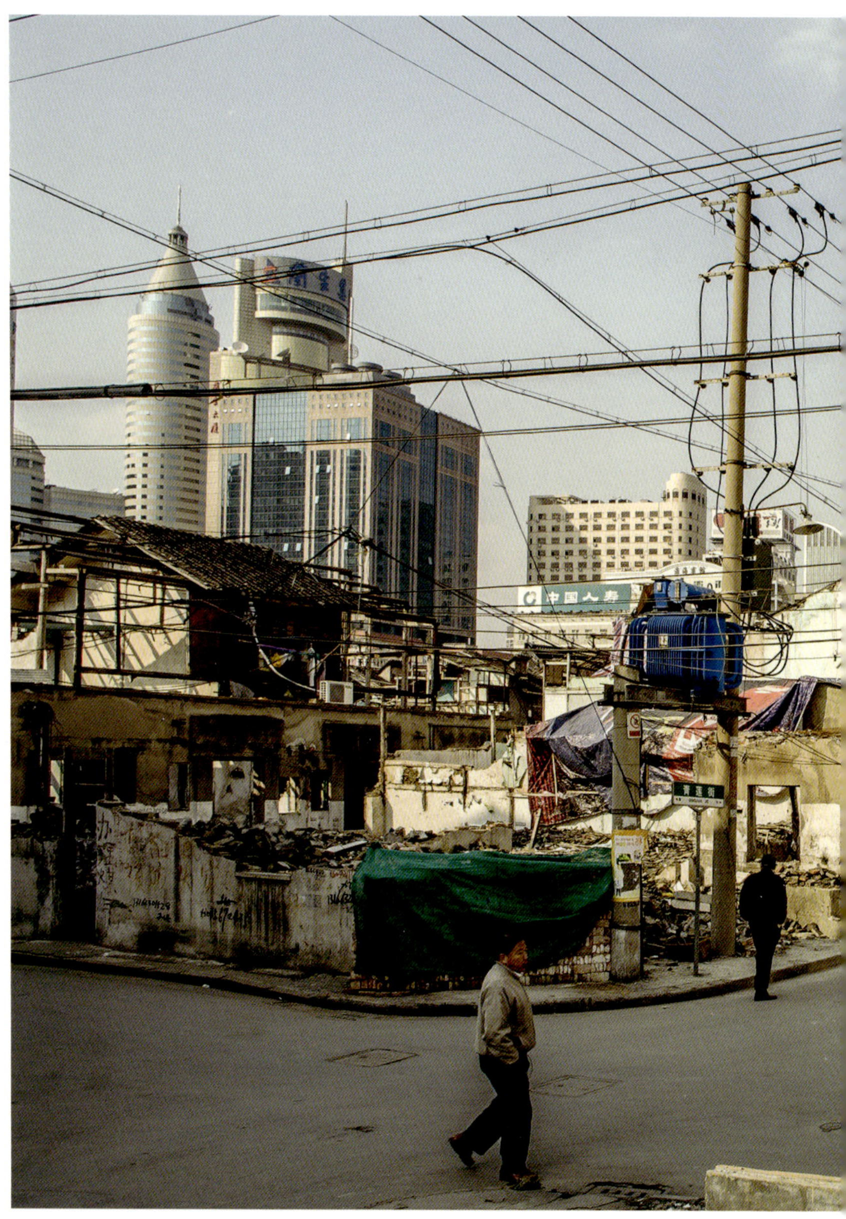

38. Golden Mile, Shanghai, China, 2006

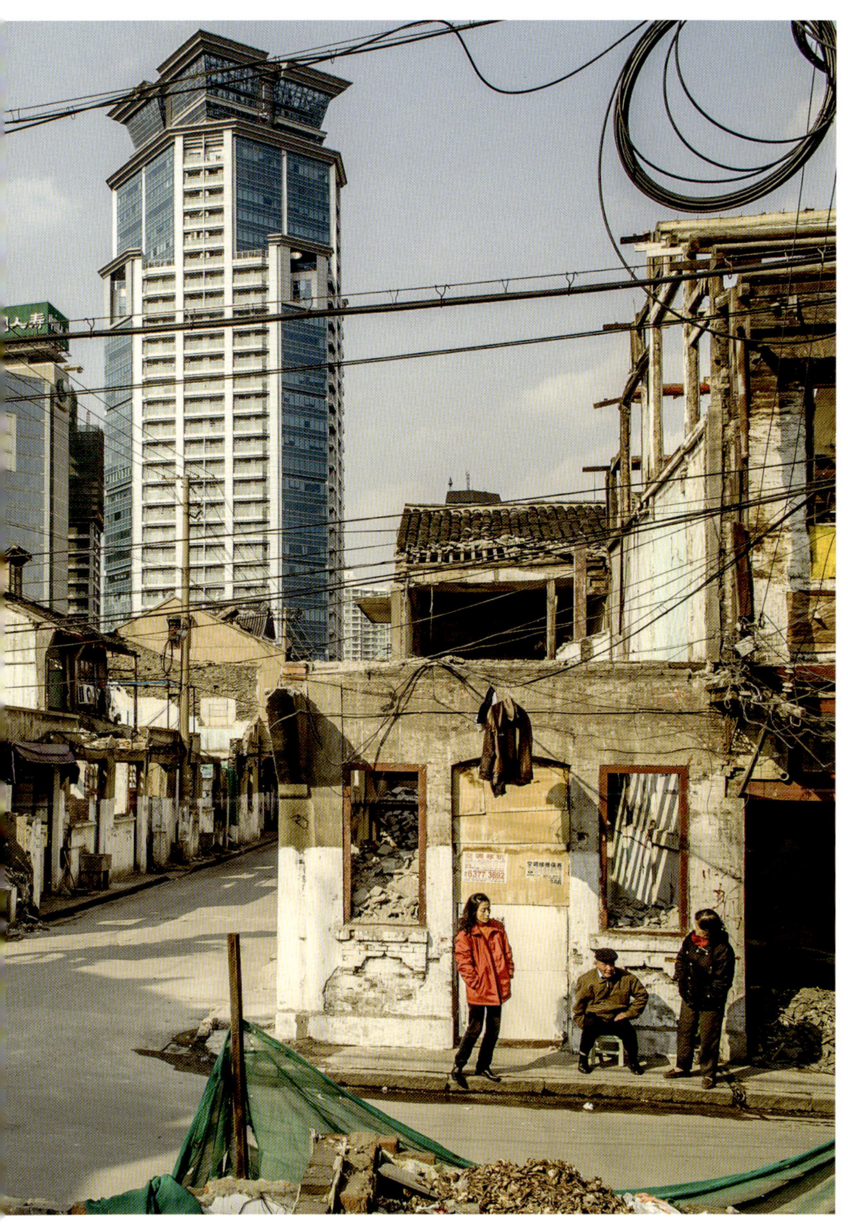
空调移机
6377 3692
空调维修保养

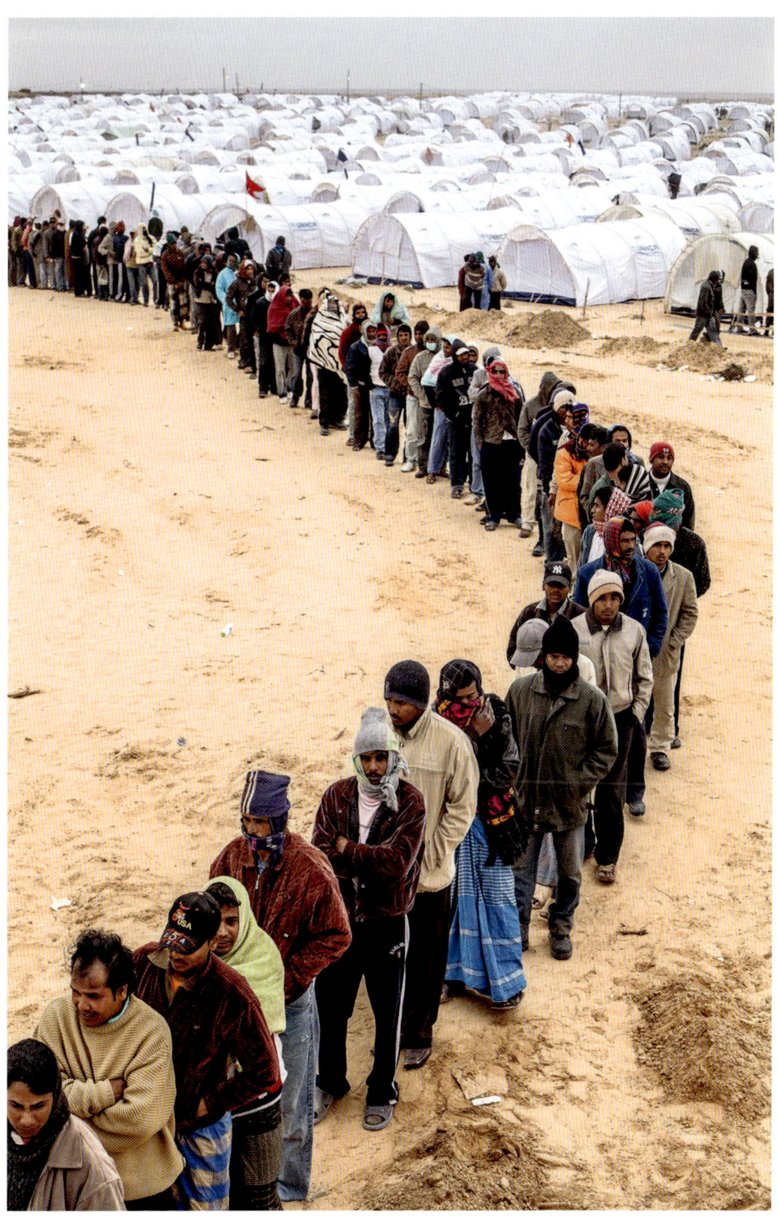

39. Escapar de Libia, Ras Ajdir, Túnez, 2011

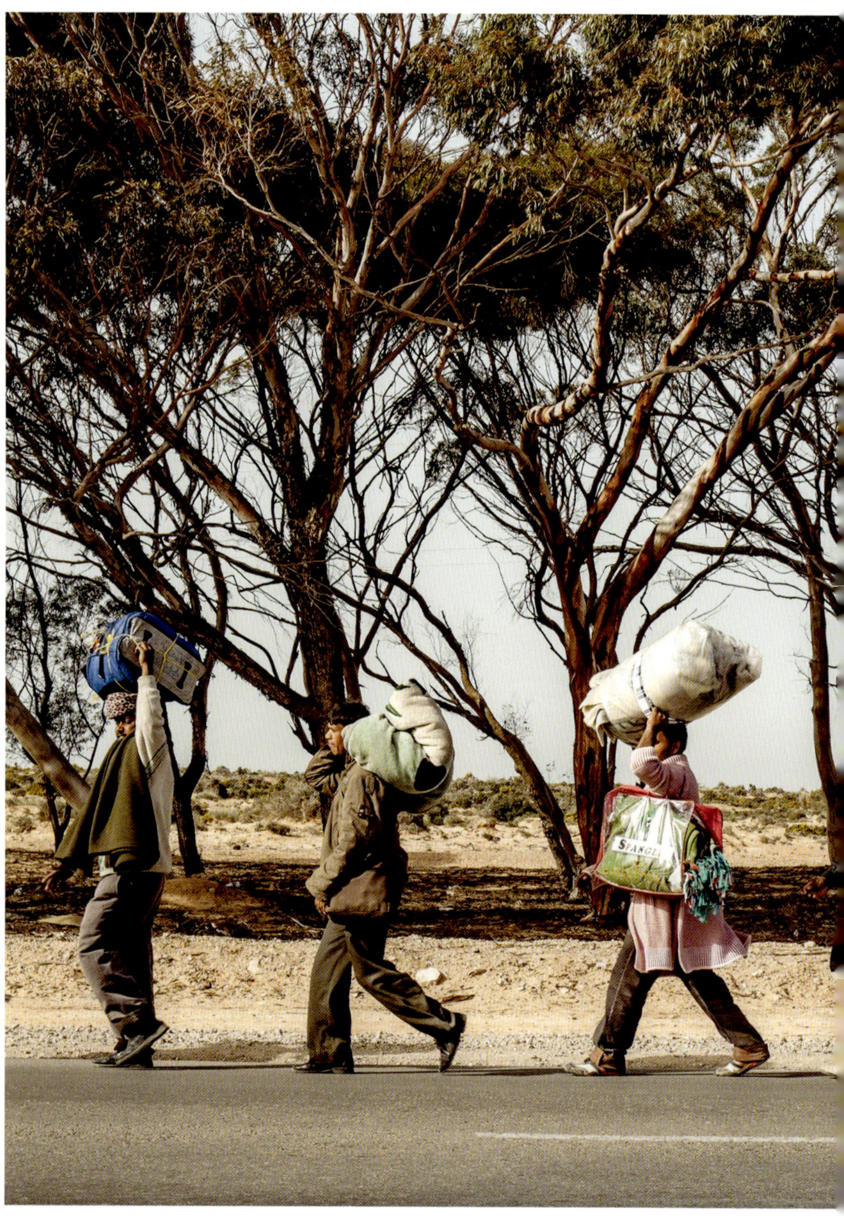

40. Escapar de Libia, Ras Ajdir, Túnez, 2011

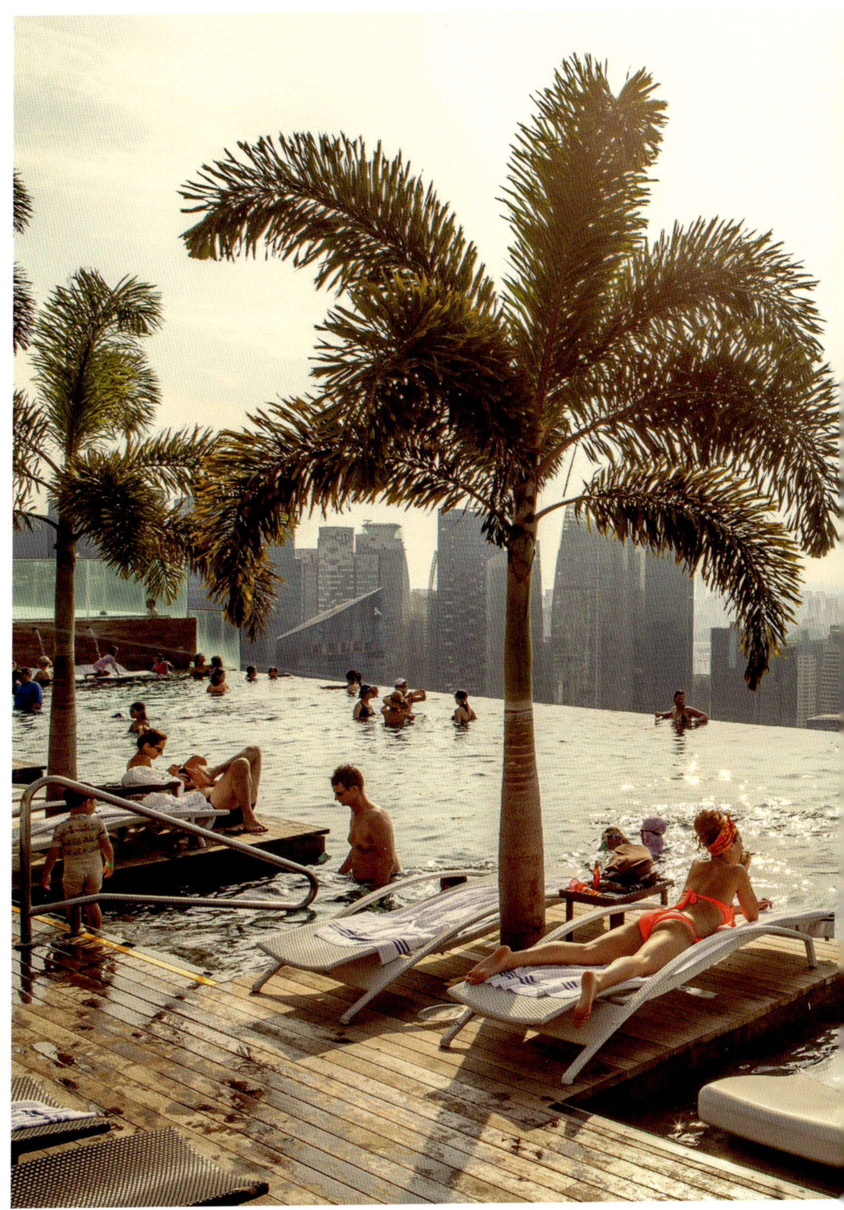

43. Las cartas sobre la mesa, Singapur, 2011

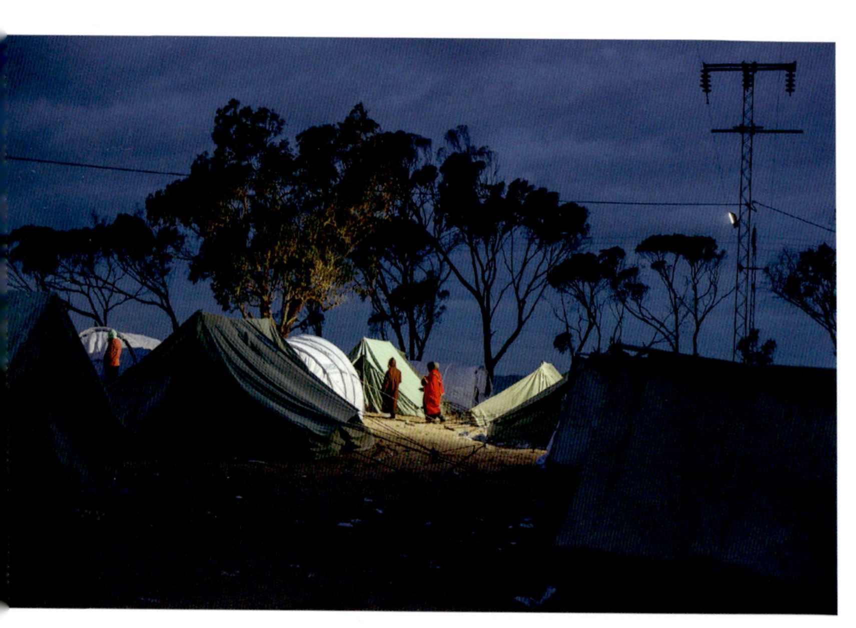

42. Escapar de Libia, Ras Ajdir, Túnez, 2011

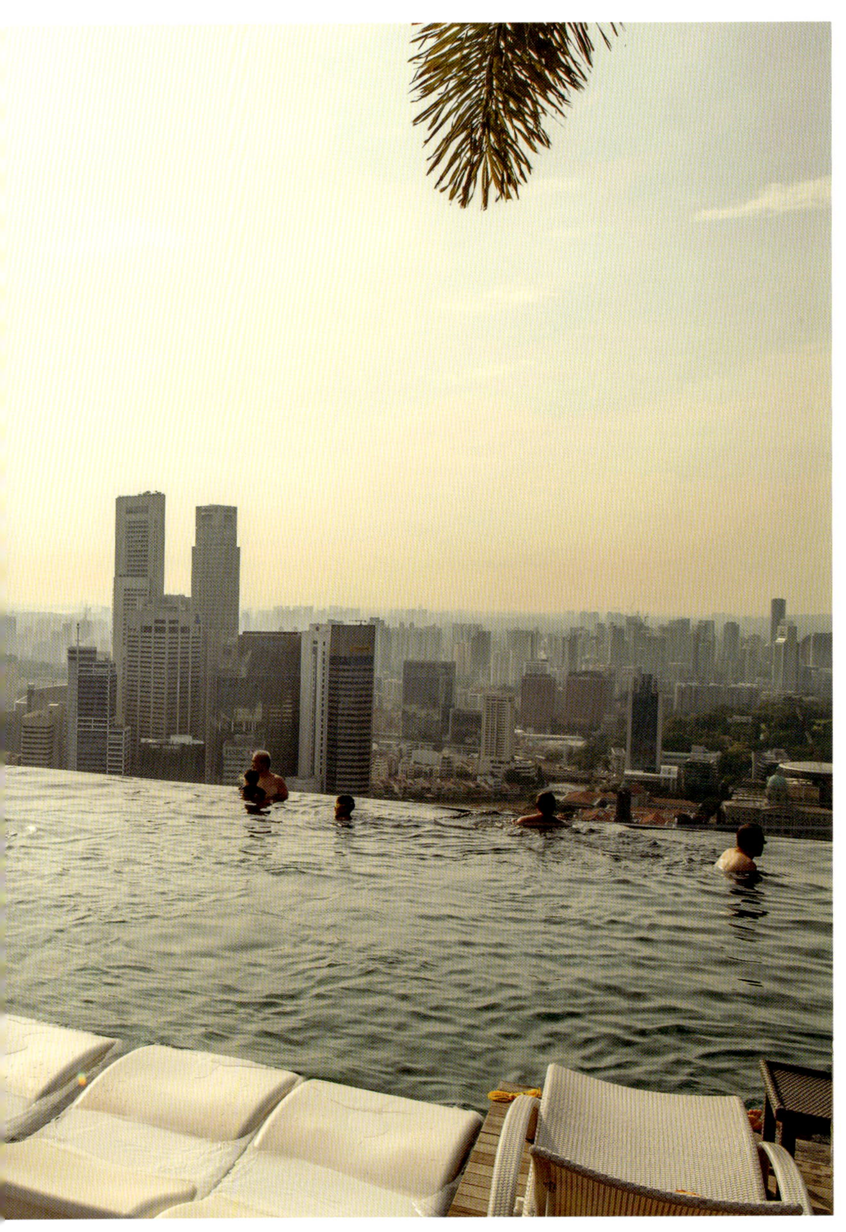

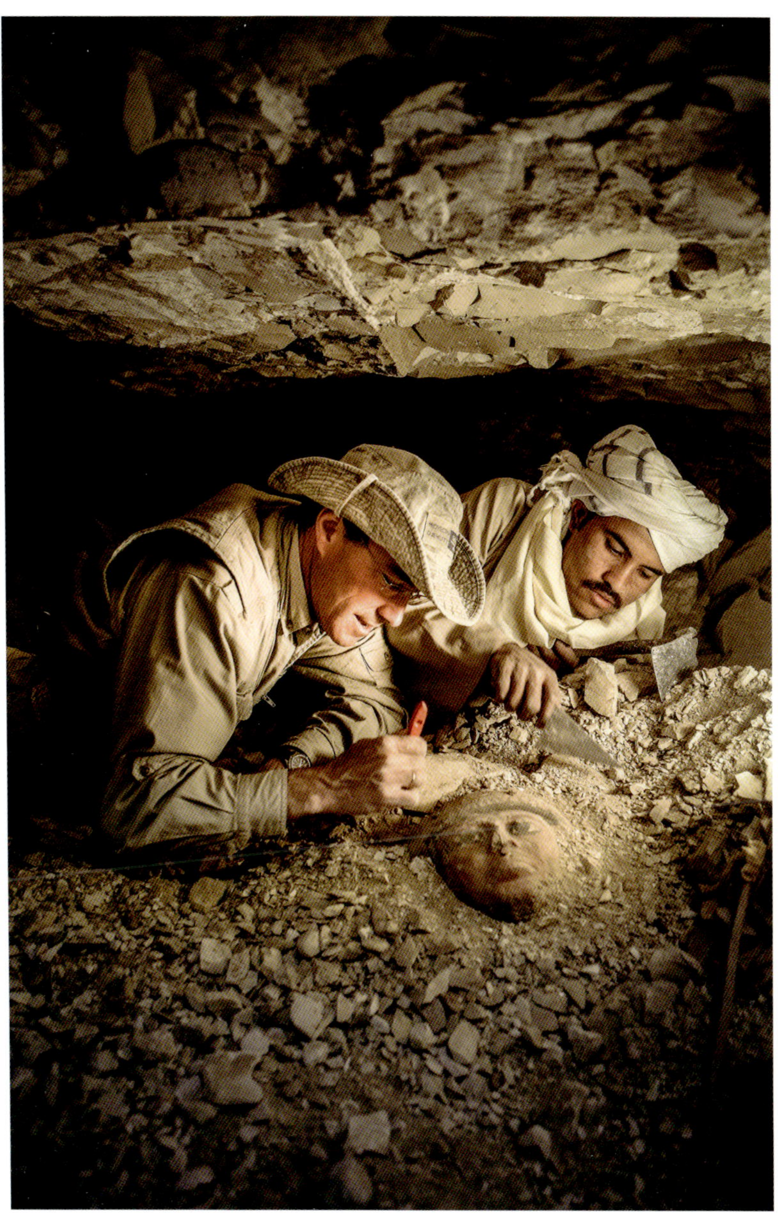

44. Proyecto Djehuty, Dra Abu el Naga, Egipto, 2006

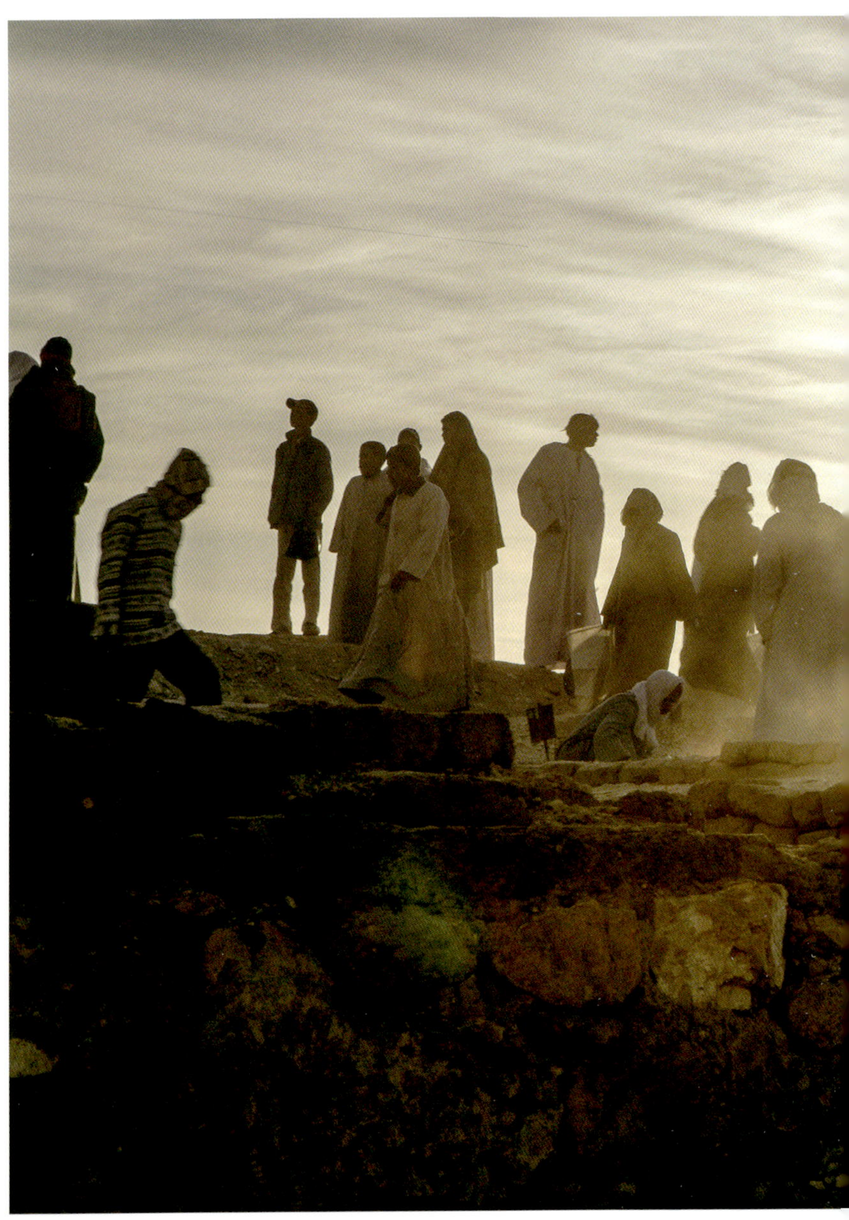

45. Proyecto Djehuty, Dra Abu el Naga, Egipto, 2006

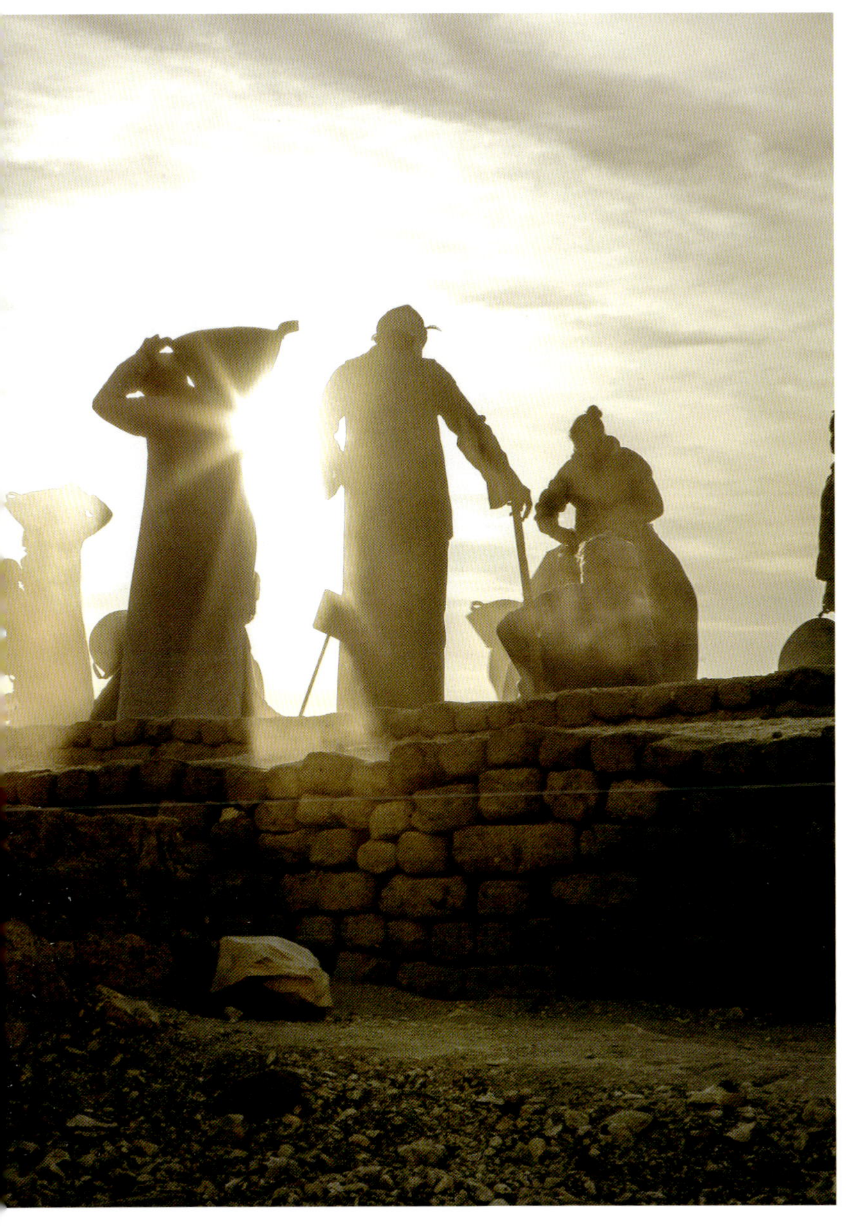

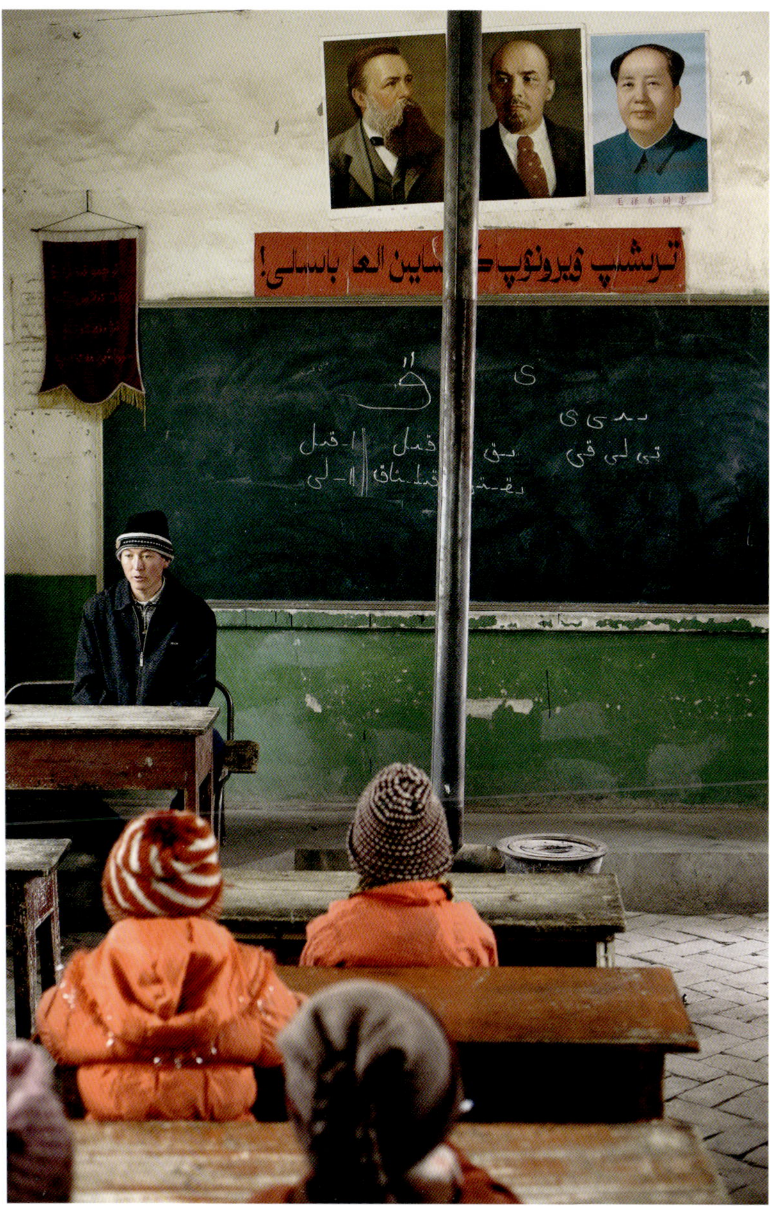

46. China Western, Subaxcun, China, 2007

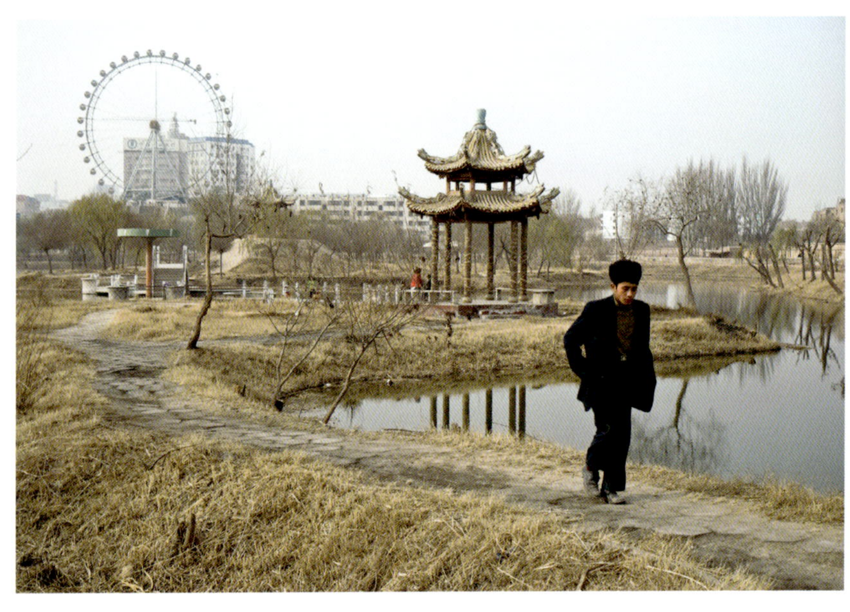

47. China Western, Kashgar, China, 2007

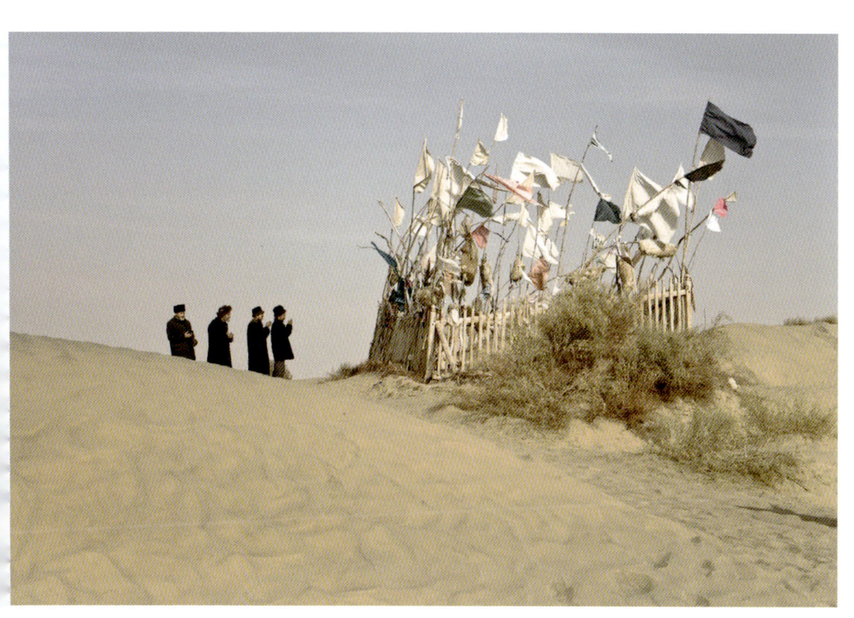

48. China Western, Hotan, China, 2007

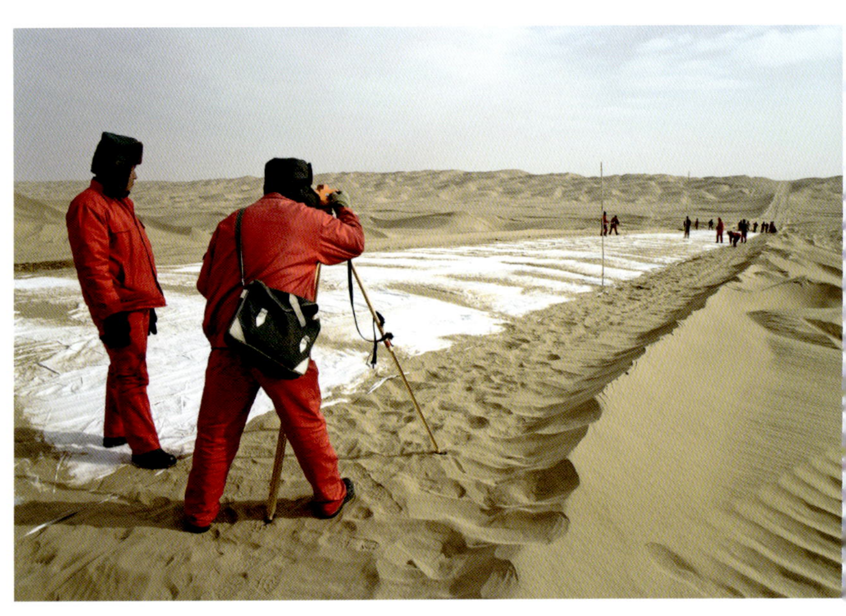

49. China Western, Tashkorgan, China, 2008

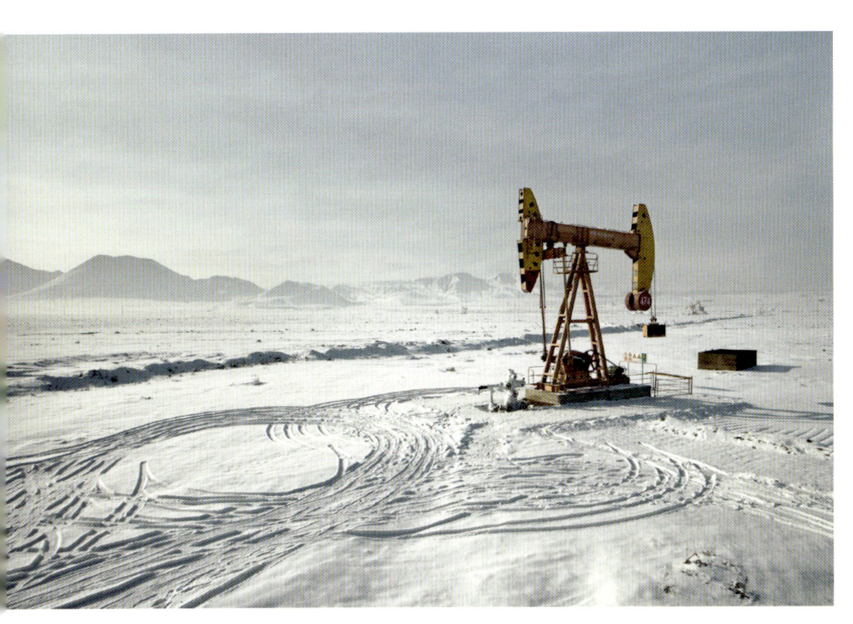

50. China Western, Qitai, China, 2008

Cronología

1971 Nace en Budapest, Hungría.
1994 Se licencia en la Academia de Bellas Artes de Roma.
      Obtiene la beca Erasmus en Loughborough College of
      Art& Design, Reino Unido.
1995 Trabaja como director de Arte en una agencia de
      publicidad.
2000 Es reconocido con el León de Plata en el festival de
      publicidad de Cannes.
2001 Empieza a trabajar como fotógrafo.
2003 Gana el World Press Photo 2° premio en Naturaleza.
      Vuelve a alzarse con el León de Plata en el festival de
      publicidad de Cannes.
2004 Obtiene el Premio Especial en el Festival Photo de
      Mer, Vannes.
      Viaja a Egipto con el Proyecto Djehuty.
      Realiza reportajes para *National Geographic* España.
2005 Es finalista en Descubrimientos PHotoEspaña.
      Empieza a colaborar con *El País Semanal*.
2006 Inicia su serie *China Western* en Xinjiang, China.
      Empieza a colaborar con Reportage by Getty Images.
2007 Grand Prix Gráfica en el festival publicitario El Sol.
2008 Es finalista en Visa pour l'image y en Descubrimientos
      PHE por *China Western*.
      Se le incluye en American Photography 24.
2009 Es finalista del European Publishers Award, con *China
      Western*.
2010 Coordina *La hora del recreo,* para Fundación
      Telefónica.
      Se le incluye en American Photography 26.
      Dicta conferencias en el Meeting Ojo de Pez,
      Barcelona, en la Universidad de Vigo y en la
      Universidad de Salamanca, y un taller de fotolibros en
      Blank Paper Escuela de Fotografía.
2011 Es incluido en American Photography 27.
      Obtiene plata en el certamen Yohap International Press
      Photo Awards.
      Dicta conferencias en la Asociación CienOjos, Murcia,
      y en la Universidad Carlos III de Madrid.
2012 Queda finalista en el RM PhotoBook Award.
      Dicta talleres en la maestría *ABC* de Periodismo,
      Madrid; EFTI Escuela de Fotografía, Madrid; Lens
      Escuela de Fotografía, Madrid; Phacto, Barcelona, y
      World Press Photo, Madrid.
2013 Gana el Kassel Photobook Award.
      Queda finalista del Aperture-Paris Photo Book Award y
      el European Publishers Award.
      Es incluido en American Photography 30.
      Time Magazine y *British Journal of Photography*
      seleccionan *The Pigs* como uno de los libros más
      relevantes del año.

The Pigs recibe excelentes críticas en *The Guardian,
Le Monde, Financial Times* e *International NY Times*.
Dicta conferencias y talleres en la maestría *ABC* de
Periodismo, Madrid; Photobook Club durante Paris
Photo Fair, la Association La Chambre, Estrasburgo;
Lens Escuela de Fotografía, Madrid; Escuela FotoArte,
Caracas, Asociación Cienojos, Murcia, y EnContexto,
La Casa Encendida, Madrid.

2014 Es parte del comité de selección en Kassel Photobook
Awards y jurado en los Dummys Awards 2014.
Empieza a colaborar con la agencia Panos Pictures.
Publica el proyecto colectivo *Todas Direcciones*,
con la editorial Phree.
Gana el premio Lacritique.org de Voies Off Festival en
Arles.
Es nominado al Magnum Emergency Fund Foundation.
Obtiene mención especial Platform Fotomuseum
Winterthur y en el Premio PHotoEspaña al mejor Libro
de Fotografía del año.
Dicta conferencias en el Festival Storia, San Marino
University; Lianzhou Fotofestival, China; Fotobook
Museum, Colonia, y Bursa FotoFestival, Turquía,
A pie de Calle, Vitoria, Spain, la maestría de *ABC*
de Periodismo; EFTI Escuela de Fotografía y Lens
Escuela de Fotografía, Madrid.
Se le entrevista para el libro *Fotopraxis mit perspektive*
de Martina Mettner (Fotofeinkost), y para la revista
PhotoNews Zeitung für fotografie.
Es incluido en el *Diccionario de Fotógrafos Españoles*,
editado por La Fábrica.
The Pigs se publica en el número 9/2014 de *C Photo
Magazine*, editado por Ivory Press.

2015 Gana el World Press Photo Multimedia, Short Feature,
tercer premio.
Es nominado al Prix Pictect.

Exposiciones

2004 Festival Photo de Mer, Vannes, Francia.
2008 *China Western*. Universidad Jaume I de Castellón.
2009 *China Western*. Visa pour l'image (proyecciones).
2010 *La hora del recreo*. Fundación Telefónica, itinerante
por España y Latinoamérica.
2013 *China Western*. La Chambre, Estrasburgo.
The Pigs. FNAC (itinerante por España).
2014 *Libros que son fotos*. Museo Reina Sofía, Madrid.
The Pigs. Festival Images Sigulieres, Sète, Francia;
Aquí y ahora, Foto Colectania; Lianzhou Foto Festival,
China; The Photobook Museum, Cologne, Alemania;

Photo Ireland, Dublín, Irlanda; Nuit des images, Musée de l'Elysee, Lausanne, Suiza; Schau Fotofestival, Dortmund, Alemania; Lugano Photo Days, Lugano, Suiza, y FNAC, España.
China Western. Festival Biel/Bienne, Suiza.
A las puertas de Europa. Bursa Photo Festival, Turquia.
A pie de calle, Vitoria, España.

Monográficos

2006 *Buscadores de historia*, Blur.
2010 *China Western*, La Fábrica.
2011 *Philosophia naturalis*, autopublicado.
2013 *The Pigs*, RM Verlag/ Phree.
2015 *Wealth Management*, RM Verlag/ Phree.

Rémi Coignet

Redactor jefe de la revista *The Eyes,* dedicada a la fotografía y a temas europeos. Desde 2008 es autor del blog «Des libres et des photos» en la web del periódico francés *Le Monde*. Sus escritos se han publicado en varias revistas francesas e internacionales. En 2014 editó *Conversations* (The Eyes Publishing) una selección de sus entrevistas a fotógrafos, entre los que se encuentran Lewis Baltz, Anders Petersen, Daido Moriyama y Pieter Hugo, realizadas desde 2008.

Editor-in-chief of the magazine *The Eyes,* dedicated to photography and European issues. Since 2008 he has been the author of the blog "Des libres et des photos" on the website of the French newspaper *Le Monde*. His writings have been published in several French and international magazines. In 2014 he published *Conversations* (The Eyes Publishing) a selection of his interviews with photographers, among whom are Lewis Baltz, Anders Petersen, Daido Moriyama and Pieter Hugo, and which have been held since 2008.

Idealism and Pragmatism

Rémi Coignet

It was at the Rencontres d'Arles in July 2013. I was rummaging as I usually do through the piles of books on the tables at the book fair, when something resembling a magazine caught my eye. The provocative title, *The Pigs*, was written in white in a red text box, a format characteristic of international magazine press logos. Every artistic director from *Time*, to *Paris Match,* to *Cambio 16,* has known since time immemorial that a red mark on a cover attracts attention. Whereas art books will normally go to great lengths to avoid such base commercial strategies.

The cover photo is a classic, both in terms of form and composition. On the bottom left a timeless tourist couple in straw hats, she clad in a long skirt, he in trousers and a short sleeved shirt, are photographing the ruins of the Temple of the Dioscures in Agrigento. Were it not for the fact that it's in colour we may well have thought they were members of the XIX Century opulent English classes, on a "grand tour" discovering the marvels of Italy and Greece.

This all has the air of parody. Not so long ago, the term "pigs" was omnipresent in the media, which sprinkled it liberally on every page. Coined by the Anglo Saxon economic press to describe the Southern European countries in financial difficulty, the acronym referred to Portugal, Italy, Greece and Spain. There is little doubt of the connection between the term and an image symbolising the paradoxical relationship between Northern Europe and the south of the continent. I leafed through *The Pigs* and confirmed that it was an illustration of the usual clichés applied to the "lazy southerners": a man is having a siesta under a tree, while buildings remain incomplete and rubbish piles up… I loved this polemic image which is so emblematic of Carlos Spottorno's style.

A taste for paradox, for antinomy, the alliance of opposites, so aptly illustrated on the cover of *The Pigs,* are at the heart of his visual rhetoric. Spottorno's photography is decidedly documentary, concerned with the biggest current events issues, from economic growth in China to education in Latin America, to the tragedy of migrants in the Mediterranean. It is thus impossible to stick the overly facile label "photojournalism" onto his work. Spottorno never sets out to summarise a situation with an image, because he knows that any attempts at delimitation can only produce, at best, an abridged version, or at worst, a misinterpretation of the facts. He is willing to tell stories with his feet planted firmly in reality. When I pointed out to him that his series *Djehuty Project*, about the Egyptian workers that work alongside archaeologists, was aesthetically similar to *Indiana Jones*, he replied that he appreciates Steven Spielberg's cinematic style because he adapts his visual language to his subject. But we must also acknowledge that *Jurassic Park* is very different from *Schindler's List*. In the same way as *History Seekers* is very different from *Wealth Management*.

His taste for the opposite stance and for multiple meanings is reflected in the title of the series *China Western*. The word "Western" tends to evoke images of films about the Wild West American conquest rather than China. And yet that is exactly the reality it represents. A slight nuance, if the gold rush belongs to the past, the gold rush for black gold is very much a part of the present. The photos were taken in Xinjiang, the most western region of China. Although the inhabitants are Chinese citizens, they are Muslims of Turcoman origin. In some ways they are the new Redskins. It's a desert region, but its cellar is crammed with riches. The Peking authorities are pushing for its economic development, going as far as building roads on the sand. It may seem like a metaphor, but it's specifically shown in the images. It would be easy to cite more examples, but these few cases demonstrate that Carlos Spottorno's greatest strength lies in synthesising the complexity of reality. In documenting a situation while warning the spectator of photography's inability to comprehend it.

His extensive knowledge of art history, mainly of painting, photography and cinema, has played a significant role in helping him arrive at this degree of awareness of what the image can and can't achieve. This is particularly evident in his perception of composition. One image evokes Walker Evans while another evokes Van Gogh, while that of the young gypsy holding a horse's bridle immediately makes the spectator think of Pablo Picasso's "Boy Leading a Horse." There's sound reasoning behind this unapologetic classicism: as we say in French, "what is well conceived is clearly formulated". In other words, easy reading allows for complex discourse.

It's never a good idea to try and explain a work by referring to the author's biography. Nevertheless, it strikes me that the personal history of Carlos Spottorno may shed light on some of his choices, such as the art of contradiction being at the heart of his work. He was born in Budapest, to a diplomat father and an artist mother. Until the age of twenty three he had never spent more than three consecutive years in the same country. After studying fine art in Rome he became the artistic director of an advertising agency, before opting for a career in photography in 2001, in which he combined long term personal projects with press or advertising orders. Political and artistic priorities, the art of selling (oneself) and communicating, idealism and pragmatism. These are the dual notions that are central to his approach.

If Carlos Spottorno has been fighting against a simplistic representation of the world from the outset, then *The Pigs* marks a turning point. In this book, just as in his recent *Wealth Management* he creates fiction from reality without staging anything, using only his art of observation and editing. As he acknowledges, after having rejected it for so long, he finally embraces his past as an advertiser and uses the narrative strategies of advertising to provide a documentary account. In this way *The Pigs*, to return to clichés (which have always contained a touch of truth but which are difficult to find in a chemically pure state in reality given that they are figments of the imagination), was comfortably settled in the pages of *The Economist*. *Wealth Management* however is the other side of the coin. In other words, it is diametrically opposed to *The Pigs*. On the one hand we find the "lazy poor" and on the other we have the idle rich. In Luxembourg, in Geneva, in Saint Moritz in Switzerland, or in San Marino, Spottorno has captured the lives of those who have triumphed from globalisation. Again, they are clichés. A man in a double breasted coat holding a champagne flute at a polo match in the snow, a woman in a fur coat with a Chanel bag glides into a Bentley parked in front of a Cartier boutique. This series goes in the opposite direction of the previous series, by using black and white and by opting for pixelising the faces. Black and white is traditional, conservative even, just as money and those who possess it are almost quintessentially so. The decision to blur the faces, thereby shielding the photographer from the pursuits of the wealthy, is above all an esthetic choice. This process is generally used to conceal the identity of criminals, but here more than anything else it allows the photographer to transform individuals into archetypes. It is not so much the peasant from Naxos having a siesta under a tree, or the woman in the Bentley that interest Carlos Spottorno, but the symbols that they represent in the collective subconscious. While remaining anchored in reality he succeeds in changing focus, using narrative modes to take photography to a level it would normally only achieve by staging: moving from the wholly specific to the universal.

PHoto**Bolsillo**

Director de la colección / Series editor
Chema Conesa

Coordinación / Coordination
Doménico Chiappe

Diseño original / Original Design
Fernando Gutiérrez

Asistencia editorial / Editorial assistance
Gloria Jurado

Traducción / Translation
David Alan Prescott

Fotomecánica / Photomecanics
Cromotex

Impresión / Printer
Brizzolis

© de las imágenes / Image
Carlos Spottorno

© del texto / Text
Rémi Coignet

© de la presente edición / Present Edition
La Fábrica, 2015

ISBN
978-84-16248-24-7

Depósito legal
M-13666-2015

Director general / General Manager
Álvaro Matías

Directora editorial / Editorial Content Manager
Camino Brasa

Director de Desarrollo / Development Manager
Fernando Paz

Director de Producción / Production Manager
Rufino Díaz

Distribución / Distribution
Raúl Muñoz

LA FABRICA

Presidente / President
Alberto Anaut

La Fábrica
Verónica, 13
28014 Madrid
Tel.: 34 91 360 1320
e-mail: edicion@lafabrica.com
www.lafabrica.com

Una coedición entre / A Coedition Between

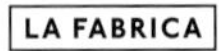

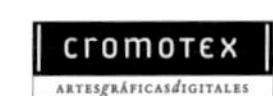

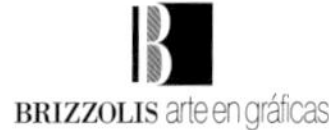

Xavier Miserachs
Nicolás Muller
Humberto Rivas
Ricky Dávila
Koldo Chamorro
Francesc Català-Roca
Carlos Pérez Siquier
Luis Pérez-Mínguez
Gabriel Cualladó
Javier Vallhonrat
Miguel Trillo
Pilar Pequeño
César Lucas
Fernando Gordillo
Agustí Centelles
Baylón
Isabel Muñoz
José María Díaz-Maroto
Cristóbal Hara
Antonio Tabernero
Alberto García-Alix
Pablo Genovés
Clemente Bernad
Carlos Serrano
Ramón Masats
Óscar Molina
Cristina García Rodero
Pablo Pérez-Mínguez
Joan Fontcuberta
Navia
Ricard Terré
Fernando Herráez
Oriol Maspons
José Ignacio Lobo Altuna
Xurxo Lobato
Genín Andrada
Valentín Vallhonrat
Vari Caramés
Juan Manuel Díaz Burgos
Ferran Freixa
José Antonio Carrera

Manuel Vilariño
Kim Manresa
Rafael Navarro
Toni Catany
Luis Escobar
Marta Sentís
Chema Madoz
Ciuco Gutiérrez
Alberto Schommer
Ouka Leele
Manel Esclusa
Laura Torrado
Ángel Marcos
Ortiz Echagüe
Francisco Ontañón
Carlos Saura
Alfonso
Juan Manuel Castro Prieto
Pep Bonet
Juantxu Rodríguez
Paco Gómez
Virxilio Vieitez
Gonzalo Juanes
Rosa Muñoz
Leopoldo Pomés
José Ramón Bas
David Jiménez
Leonardo Cantero
Jordi Socías
Colita
Alfredo Cáliz
Gervasio Sánchez
Txema Salvans
Matías Costa
Emilio Morenatti
Pierre Gonnord
Ricardo Cases
Sofía Moro
Joan Tomás
Atín Aya
Rafael Trobat

José Cendón
Luis de las Alas
Joan Fontcuberta 2
Chema Conesa
Ragel
Samuel Aranda
Rafael Sanz Lobato
Juana Biarnés
Manuel Outumuro
Cristina de Middel
Carlos Spottorno

Biblioteca de Fotógrafos Latinoamericanos

Luis González Palma
Casasola
Marcos López
Cia de Foto
Raúl Cañibano
Alberto Korda

Biblioteca de Fotógrafos Africanos

Jean Depara
Samuel Fosso
Mama Casset
Zwelethu Mthethwa

Próximo título / To be published

Aitor Lara

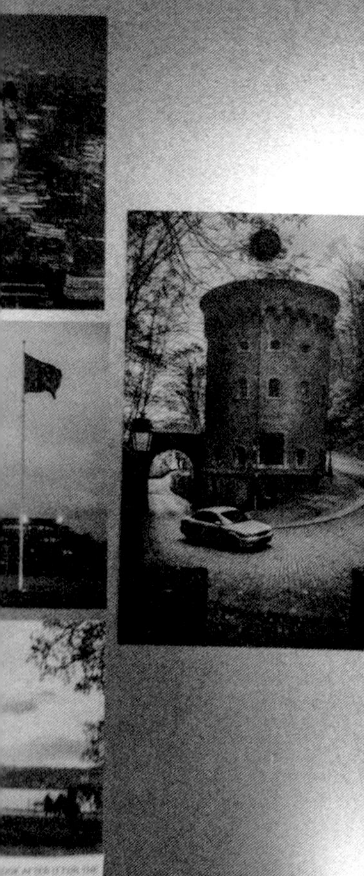
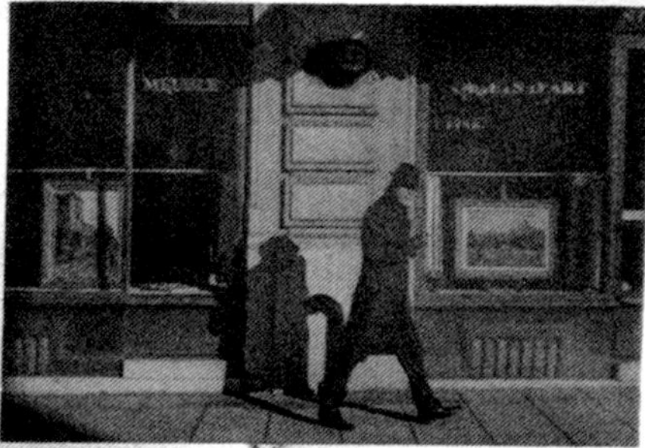
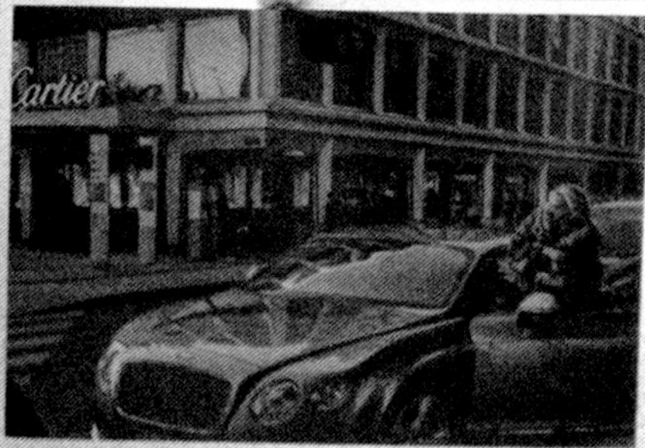